天下文化
BELIEVE IN READING

為什麼我們總是選到

不適任的男性
當領導人？

WHY DO SO MANY
INCOMPETENT MEN BECOME LEADERS?
(AND HOW TO FIX IT)

萬寶華首席人才科學家、倫敦大學學院與哥倫比亞大學商業心理學教授
湯瑪斯‧查莫洛—普雷謬齊克 Tomas Chamorro-Premuzic——著　周詩婷——譯

各界推薦

這是一本談論人才與領導力的出色書籍，以讓人驚訝的精確角度，具體描寫領導危機的根源。作者提出的論點極具說服力，他指出：「現今拙劣領導力的流行」肇因是有太多不適任的男性，因個性缺陷而坐上高位。

——《策略＋企業》雜誌（*strategy+business magazine*）

這是當代最重要的領導力書籍，觀點深具洞見、有獨創性，如果想要找出事業裡最佳的領導人選，或是想要成為最佳領導人，本書絕對是兩性都必讀的書目。現在，這本書是我送禮給工作夥伴或朋友時的首選。

——辛蒂・蓋洛普（Cindy Gallop）
如果我們經營這個世界（IfWeRanTheWorld）
公司創辦人暨執行長

這本絕佳的著作說明，性別平衡是提升組織績效的
槓桿。書中的真誠呼籲非常吸引人，作者指出我們必須
拋棄傳統、表現不佳又過度自信的男性領導力標準，改
為使用能真正落實、啟發部屬與投入工作的特質找尋人
才。這本書可說是既精彩又及時。

—— 阿維瓦‧維滕貝－考克斯（Avivah Wittenberg-Cox）
暢銷書《領導性平企業的七步驟》（*Seven Steps to
Leading a Gender-Balanced Business*）作者

本書如同書名所示，既生動又挑釁。對領導力和性
別差異感興趣的人與相關人士，都能受惠於書中提出的
議題以及結論。

—— 芭芭拉‧凱勒曼（Barbara Kellerman）
哈佛大學甘迺迪政府學院公共領導中心講座講師

目次 CONTENTS

獻給瑪拉‧希維斯汀達爾（To Mara Hvistendahl）
妳寫的《物競人擇》（*Unnatural Selection*）
啟發我寫作這本書

第 1 章

為什麼大多數領導人都不適任？

在Google搜尋「my boss is」（我老闆……），你會看到搜尋欄自動產生這些選項：「愛亂罵人」、「不理智」、「壞心眼」、「不適任」和「很懶惰」。民意調查也出現相仿的結果。蓋洛普（Gallup）是一間全球民調公司，定期在世界各地蒐集員工的意見資料，根據他們的調查，有75％的人是因為直屬主管而離職。這樣的結果揭露出：拙劣的領導力在全世界都是員工自願離職的首要原因。同時，有65％的美國人說，比起加薪，他們寧可換主管。[1]這樣缺乏遠見的想法反映出他們並沒有認清事實，畢竟，下一個主管不見得更好，搞不好更糟。

不過，有一項事實倒是很明顯，先不管領導人是否勝任，為什麼大部分領導人都是男性？既然女性占成年人口50％，再加上在大部分的工業國世界裡，女大學生的人數與表現都超越男大學生，我們可能會期待，領導人的職位起碼在比例上達到男女平等。但是，實際情況並非如此。在世界上大多數的地區，領導力的概念太過男性化，導致大多數人得絞盡腦汁，才能舉出一位知名的女性商業領袖。例如，有一項近期的調查要求接受訪

問的一千名美國人，舉出一位科技業的女性知名商業領
袖。約92％受訪者答不出來，而剩下的8％受訪者，有
四分之一回答「Siri」或「Alexa」。[2]*當我向一位客戶提
到我正在寫一本關於女性與領導力的書時，她挖苦的回
我：「你是說你在寫兩本書嗎？」她的反應顯示出女性
與領導力之間的關係薄弱，而且這個現象不只出現在人
們的腦海中。

　　即使是在標準普爾500指數（S&P500）的500家大
企業（通常比小型民營企業更願意保障性別平權）裡，
我們要看到性別比例均衡也還有很長一段路要走。根據
統計，2017年時在這些企業裡，女性員工人數的占比隨
著職位提高而降低：

　　44％　　全體員工

　　36％　　第一線與中階主管

　　25％　　資深主管與高階經理人

---

* Siri和Alexa分別是蘋果和亞馬遜的虛擬語音助理。

20%　　董事會成員

6%　　　執行長[3]

　　本書要探討一個核心問題：要是這兩項觀察（大多數領導人表現很差，以及大多數領導人是男性）彼此之間有因果關係呢？換句話說，這種四處都可以見到糟糕領導人的問題，有沒有可能會因為在上位的男性減少、女性增加而降低呢？

　　我最初是2013年在《哈佛商業評論》（*Harvard Business Review*）上一篇簡短的文章提出這個問題，文章的標題對我談論的議題做了總結：〈為什麼我們總是選到不適任的男性當領導人？〉。[4]我主張女性領導人會這麼少，不是因為她們欠缺能力或動機，而是我們沒有能力察覺男性的不適任。在考量適合領導人職位的男性時，大部分的人都錯把可能導致領導人失敗的人格特質，當成領導力潛能或天賦的徵兆，甚至為此歡欣鼓舞。於是，男性的人格缺陷順利偽裝成領導人的迷人特質，幫助他們出頭天、成為領導人。本書即將證明，過度自信與自我中心等特質，應該被視為危險信號，不過我們卻被這些特質而誘惑，說出：「啊，那個有魅力的傢伙！他可能是個領導人才。」結果，在商場與政壇上，有多到過剩的不適任男性掌權，造成有能力的人才（不論男女）的晉升機會遭到排擠，同時還讓領導人的標準低落得令人沮喪。

〈為什麼我們總是選到不適任的男性當領導人？〉的讀者逐年增加，自從發表以來，這篇文章默默的成為《哈佛商業評論》網站上最多人閱讀的文章之一；而且，比起我寫下的其他9本書，和我在職涯中寫過的超過300篇文章，這篇文章收到的回饋意見最多。難過的是，文章愈受歡迎，只是反映出世界上有為數眾多的人繼續親眼見證不適任的領導人，並且持續因此受害罷了。如果你曾經在辦公室工作過，就很有可能經歷過某些主管展現出拙劣的管理能力，這些主管看起來並沒有察覺他們的能力有限，所以總是明目張膽且不合理的為所欲為。他們過度自信、傷人感情，而且對自己過度讚譽有加，特別是按照實際的才幹而言，他們實在不需要這麼「大驚小怪」。某種程度上來說，他們最忠實的粉絲就是自己。

不過，這些缺陷鮮少阻礙他們的職涯前程。恰恰相反的是，由於這些主管大多是男性而非女性，因此對於有潛力的女性領導人提出的建議，大多數是老套的男性化行為，例如「相信自己」、「別擔心別人對妳的看法」或是我最喜歡的「只要做自己就好」，彷彿你可以選擇做別人似的。（所以，有一個幽默版本的「做自己」建議是這樣說的：「做自己吧；其他人的角色都已經有人做了。」）

社會經濟進步有一個明顯的跡象就是，商業界嘗試讓更多女性擔任企業頂端的領導人。幾乎所有大型的西方組織都有多元人才的計畫，而且大部分都明確聚焦於性別多元化。[5]然而，這些計畫的主要目標是協助女性盡力追上男性，背後隱含的假設是女性值得同等的待遇，或是女性也能辦到。但是，當大多數領導人實際上會傷害組織的時候，這個目標怎麼可能對組織有益又合乎邏輯呢？比起把領導職位視為富有吸引力的職涯終點站，

或是個人拔得頭籌的獎盃，我們更應該謹記，領導力是
組織的資源，唯有當員工都能從中受益（變得更積極、
表現更好）時，領導力才算是發揮效果。要提升領導人
的標準，不光是讓更多女性成為領導人這麼簡單，還要
把這件事當成最優先的要務。

　　對世界上大多數員工來說，不可否認，被領導的
經驗一點也不正向。在現實的日常工作當中，他們得到
的是焦慮，而非啟發；是精疲力竭，而非充分賦權；是
不信任多過信任。然而，當所有人欣賞並且頌揚晉升者
時，為他們工作的員工卻是兩樣情。

　　數據資料證實這種普遍的不滿情緒。2011年有一份
研究訪問超過14,000位人力資源專家與主管，其中只有
26％的受訪者對目前的領導人給予正面評價，甚至只有
18％受訪者認為未來的領導人前途可期。[6]同樣的，高階
主管也鮮少對繼任者的潛力產生信心。研究顯示，超過
80％的董事對於組織能否掌握領導力的問題毫無信心。[7]
此外，雖然這本書聚焦於組織的領導人，而非政治領
袖，不表示政府領導人與各國元首的表現比較優秀。全

世界有60％的民眾認為政府的做法有問題，而且這是領導人造成的結果。[8]

　　毫無疑問，女性的領導之路布滿障礙，其中還包括一個超厚的玻璃天花板。不過，我對領導人與領導力研究得愈多就愈堅信，更大的問題是不適任的男性缺乏職涯障礙。

　　在本書中我們會看到，人們傾向將領導力與某些行為（例如過度自信）連結在一起，但是這些行為往往是拙劣領導力的徵兆。而且，這些行為在男性身上更常見，結果造就一套獎賞不適任的男性、懲罰能幹女性的病態機制。對於這些有缺陷的領導人我們的評估標準必須更新，並且替換成更有意義的有效標準，幫助我們預先看出領導人的真本事，而不是他們的職涯成就。當我們開始選出更優秀的領導人，情況將會不一樣，不光是女性的狀況得到改善，而是每一個人都會因此獲益。

拙劣領導力的惡果

　　布宜諾斯艾利斯（Buenos Aires）有一個地方被暱稱為「佛洛伊德莊」（Villa Freud），號稱是世界上心理分析師人均密度最高的地方。*那裡連酒吧跟餐館的命名都很佛洛伊德，例如「伊底帕斯情結」（Oedipus Complex）、「潛意識」（Unconscious）等。當地有許多居民是治療師、正在接受治療，或是兩種身分兼具。事實上，唯有當心理學家也在接受治療，才能獲准成為治療師。這種要求創造出心理學家與病患得以自我延續（self-perpetuating）、不斷增長的世界，就像一個本末倒置而且對身心有害的金字塔式騙局（pyramid scheme）。†每一個新的精神科醫師都是另一個精神科醫師的新病患，這樣的安排讓供給與需求得以長年維持在高水準。

---

* 佛洛伊德莊是一個小型的鄰里，位於阿根廷首都布宜諾斯艾利斯的巴勒莫區（Palermo）內，靠近瑰玫斯廣場（Plaza Güemes）。

† 金字塔式騙局在臺灣俗稱老鼠會，通常參與者支付會費後，要介紹其他人加入才有收入，上層的參與者可以分享下層參與者的會費，一層壓一層，形如金字塔。

　　我在佛洛伊德莊長大，連我們的狗都看心理醫師。儘管我一直都很清楚（搞不好連我們的狗也是），狗醫師真正處理的是「我們」的問題，而非「我們的狗」的問題。當我決定職涯方向時，這個選項幾乎是命中注定：我得成為一位心理學家。

　　在阿根廷長大也培養出我對領導力的興趣，尤其是製造問題的那一種領導人。一個世紀以前，阿根廷前途光明，不光機會滿地，也是全世界最富庶的國家之一。在當時，我們的人均國內生產總值（GDP）比法國和德國還要高。但是，阿根廷就此不斷衰退，成為世上少數幾個永久的開發中國家。主要原因是什麼？答案是一個接一個的拙劣領導人。所以，我問自己幾個顯而易見的問題：聰明又受過教育的人民，怎麼能一任接一任的選出讓國家我們自我毀滅的領導人，根本沒有從先前的失敗當中記取教訓？無比關心自身最佳利益的理性人民，怎麼可以愛上迷人的騙子？這些騙子明明就開出不可能兌現的支票，還追求禍害國家的政策與腐敗的私利。儘管事態令人沮喪，最後驅使我離開阿根廷，但我許下承諾，將不計代價理解並協助解決有害的領導力面向。

　　如今，我確實成了領導力心理學家，工作大多聚焦在協助組織避免任用不適任的領導人，以及讓已經上任的領導人變得沒那麼不適任。這份工作影響重大。做對了，你會看見組織與其中的成員受惠良多；要是做錯了，你會得到的結果是……阿根廷。

　　在商場上，拙劣的領導人會嚴重影響部屬，降低他們投入工作的意願、折損他們對工作的熱忱，以及他們在工作中找到的意義與使命。根據許多全球性的調查報告指出，令人難以置信的有高達70％員工對工作並不投入，而他們當中只有4％願意稱讚主管。[9]很顯然，優秀的領導人不是常態，而是例外。

　　員工對工作不投入造成的經濟代價更加駭人。光是在美國，員工投入工作的意願偏低造成的年生產力損失，大約價值5,000億美元。[10]這項估計數字還算保守，因為調查數字只取自大型跨國企業，而這類組織是真的會費心詢問員工對工作的感受，並且投入大量時間和金錢改善員工的工作體驗。世界上其他公司的一般員工，情況可能更加悲慘。

　　不過，員工對工作不投入的弊病不是只有生產力損失；對工作不投入的員工，也更有可能離職。員工流動會對公司造成龐大負擔，包括離職成本（separation costs）、*對士氣的打擊，以及另一個方面的生產力損失，也就是企業必須花時間與資源尋找與訓練新進人員。員工流動的代價在離職員工年薪10～30％之間；領導人流動的話數字還會更高，因為頂尖的獵人頭公司引介領導人的要價大約是卸任領導人最高年薪的30％。而且，員工流動不會一直是企業面臨的最糟情況。當那些對工作不投入的員工決定留下來，他們更有可能會製造不良後果，例如虐待員工、違反規定，以及欺上罔下。

---

* 離職成本是員工流動會造成的三大項成本之一〔另外兩項是招募成本（recruitment costs）與培訓成本（training costs）〕，指的是員工離職前的面談、交接與離職手續等工作與流程所花費的成本。

女性領導人是解決方案

　　本書將會說明，有可靠的證據顯示，在所有領導人之中，女性的表現普遍勝過男性（見第5章）。最值得注意的是，在一篇檢閱45份領導力與性別研究的報告當中，西北大學（Northwestern University）愛麗絲‧艾格利（Alice Eagly）教授和同事發現，比起男性，女性更能在團隊或組織裡驅動正向的改革，這特別要歸功於女性能提出更有效的領導策略。[11]具體來說，女性更能夠受到追隨者的敬重，而且她們溝通願景時更有效率、更願意授權與指導部屬，並且以更有彈性與創意的方式解決問題。此外，女性領導人評估直屬員工時也比較客觀公平。反之，男性領導人比較少跟部屬建立良好的關係，多半根據實際表現給予獎賞。他們也不太專注於培養其他人才，比較關心自己的升遷。[12]

　　儘管性別差異通常不大，但是這項研究的結論是：「在領導風格上，所有女性超越男性的特質都與領導的成效呈現正向的關聯性；但是，所有男性勝過女性的特質，卻都與領導的成效呈現負相關或是無關。」男性與女性微小但顯著的領導力差異，全都指向同一個方向：女性與其他人表現不同的地方，通常是她們表現得比較好的地方；男性與其他人表現不同的地方，通常是他們表現得比較差的地方。

當然，這些發現或許反映出研究人員所稱的抽樣偏誤（sampling bias），因為女性要爭取領導機會，必須比男性更有資格才行。許多研究都指出，女性領導人比男性更稱職，或許單純反映出女性要成為領導人，面對的挑戰比男性更嚴峻罷了。這樣的研究（本書會逐一探討）多半被拿來舉證，說明我們對女性領導人的標準高到不公平。但是，我會把這個主張反過來：不是我們對女性領導人的標準太高，而是對男性領導人的標準不夠高。既然我們都希望由更好的人才來帶領組織，選擇女性時，我們不該降低標準，但選擇男性時，我們應該要提高標準。

例如，研究顯示，在相同條件下，女性獲得面試的機率低於男性，而且只要一個簡單的實驗就會產生這種明顯的結果。有一位斯基德莫爾學院（Skidmore College）的研究人員寄出許多份相同的履歷，*只是把名字改成珍妮佛或是約翰。不過，儘管履歷上名字以外的其他方面條件都一樣，但是約翰收到的開價條件，年薪比珍妮佛多了大約4000美元以上，顯然，約翰看起來比珍妮佛更有才幹。13

也因為這樣的偏見，女性要達到相同的領導位階，花費的時間比男性漫長。舉例來說，有一項財星1000大企業執行長的分析顯示，那些極少的少數（只有6％）女性執行長，比起男性執行長多花了30％的時間才登上高位。這也同時說明為什麼女性執行長在這些公司裡，她們的平均年齡比同職位的男性多了4歲。14

然後，矛盾的是，我們根本不用問：「如果女性能成為這麼棒的領導人，為什麼沒有更多女性領導人呢？」因為答案必然是，女性能成為這麼棒的領導人，是因為她們更難成為領導人。

---

* 斯基德莫爾學院是一間位於紐約的私立文理學院。

我要說明的論點是，阻止適任的女性擔任領導人、導致不適任的男性升上高位的原因，不光是性別偏見。根本的原因在於，實際的領導天賦和我們對領導力的假想徹底脫節。「會獲選」為領導人的人格特質與行為，跟「能夠有效領導」的必備技能，是完全不一樣的兩個世界。

有效領導與領導人的遴選

潔絲汀（Justine，化名）是個聰明好學的比利時人，過去15年來都在一家大型的非政府組織裡擔任資深財務主管。儘管她一再達成超越期望的表現，也被主管視為團隊裡最有價值的人才，但她鮮少爭取晉升。比起建立人脈與向上經營，她寧可專注在工作上，精進她執行的每一項任務，讓成就自己說話。當新的案子上門時，她會自願扛下來；不過只限她篤定可以達成的案子。

或許你不會感到意外，潔絲汀的許多同事都升得比她快，而且他們的工作能力還比不上她。但是，他們透過表現得有信心與魄力，塑造出他們不但更有能力，也更發憤圖強、更有領導人模樣的形象。而且，他們可以繼續仰賴潔絲汀讓工作順利進行，所以他們的能力不足、不適任，經常被潔絲汀沉默但有效的貢獻所掩蓋。

　　很多人都認識某個像潔絲汀的人；搞不好你覺得自己也有點像潔絲汀。事實上，潔絲汀的故事不是例外，而是我們當中許多人的常態（不分性別）。在許多組織裡，那些專注於領先同事的人儘管徒有企圖心、對組織的貢獻沒那麼多，卻比看起來沒那麼發憤圖強的人，更可能受到主管獎勵。

　　我之前培訓過的客戶史都華（我把名字換掉了）驗證了這個真理。他很享受在公共關係領域的精彩職涯，最近他被一間矽谷大公司網羅，負責帶領公司對外溝通的部門。要是上網查找史都華的履歷，任何人都會留下好印象：進行過兩次 TED 演講、曾經在三家財星百大企業擔任高階主管，社群媒體帳號上有成千上萬個追蹤者。然而，這些成就裡面，沒有一項反映出史都華具備領導能力。事實上，他過去的部屬大部分都同意，身為領導人的史都華有沒有在公司都沒差，而且管理技巧差勁。但是，由於史都華把大部分時間都拿來經營公司外部的名聲，所以他是一個人脈廣的領導人。而且，為了進一步給他那些不相稱的職涯成就增光，他的面試表現無懈可擊，給人上進又有魅力的印象。由於我們多半是透過面試調查領導人潛能，史都華的前途一片光明。不幸的是，為他工作的部屬就沒有這麼幸運了。

最近的研究顯示，像史都華這樣的人（自我中心、有頭有臉又自戀）比較容易崛起，而且還會掌控團體中的資源與權力。我們會在第2、3章中進一步探討，這些特質在男性身上比在女性身上更加常見。[15]

佛洛伊德為這個現象的第一個部分提供有力的解釋，那就是壞蛋往往可以奪得第一名。他主張，領導人的崛起是團體內的人們（即追隨者）以領導人的自戀取代他們的自戀，所以他們對領導人的敬愛是出自潛意識裡的自戀。當領導人是自戀狂時，這樣的投射尤其普遍。「另一個人的自戀，」佛洛伊德說：「非常吸引那些放棄部分自我的人……彷彿只要羨慕他們，就能維持自己內在幸福的狀態。」[16]看看周遭，你會發現，對於極端自我主義者的崛起，沒有比這更好的解釋了，不管是政界、商界還是哪裡都一樣。我們建立潛規則，讓缺點看起來很明顯的人成為領導人，而且這些人多半是男性。但是，我們又對這些空口自稱有才能、實際上卻能力不足的人（一樣，多半是男性）容忍度很高。

　　然後，矛盾的是，讓男性能夠成為領導人的心理特質，實際上也要為他們的下台負責。有時候，獲得一份工作的必備特質，不但跟做好一份工作的必備特質不同，還剛好相反。

　　更奇怪的是，最近有那麼多人討論，要讓更多女性坐上領導人的位置，卻是把重點聚焦在鼓勵她們仿效有企圖心的男性，展現出「適應不良行為」（maladaptive behavior）。*我們真的會想要女性複製一個拙劣的典範嗎？

---

*　指的是不適應狀況所表現出的行為。

本書簡介

　　本書的目標是協助你看出導致人們成為拙劣領導人的關鍵特質，以及優秀領導人具備哪些特質。藉由理解與領導人相關的普遍特質、實質上能幫助促進領導成效的特質，以及兩者之間的不同，但願我們可以屏棄那些會選到拙劣領導人的選才標準。我們只能阻止目前能夠發現的缺陷了。

　　在下一章中，我們將檢視導致拙劣領導人遍布各地的最大肇因：我們分不清楚信心與能力，尤其是猜測別人的領導潛能的時候。

　　在第3章，我們會看到自戀者為什麼可以成為領導人，以及自戀對於領導品質與領導人性別失衡所造成的影響。

　　在第4章，我們要檢視領袖魅力的迷思。我們常常高估領袖魅力的重要性；領袖魅力是基於一個人的吸引力或好感度所做的主觀推斷，但我們卻把它視為領導潛能的關鍵要素。

　　在第5章，我們會探討女性在領導上的優勢。由於女性的EQ優於男性，她們扛起責任時，能展現出更加自制、更有同理心，以及更有變革能力的領導力。

　　在第6章，我們會看到能讓領導人（不論男性還是女性）更有成效的普遍特質。儘管優秀領導人的模範很多，但是大部分都強調領導潛能的幾個基本要素，例如專業知識、智商與好奇心。

　　在第7章，我將總結一些可以評估領導潛能核心要素的方法。這些方法聚焦在以數據為依歸的工具，藉此克服依賴直覺的問題，讓組織能夠選出更好的領導人。

　　在第8章，我們將檢視那些設計來改善領導人績效表現的教練與發展的介入輔導方法，並且評估它們是否有效。當大部分組織都投入大量時間和金錢來設計、執行這類干預措施時，它們的平均有效水準卻令人沮喪。

　　在第9章，我會針對全書討論的議題提出一些結語。我將汲取過去的教訓，並且討論未來性別多元化進程的潛在影響。

　　但願你能享受閱讀這本書的樂趣，或至少讓它揭露

出性別與領導力偏見的一些真相。請以開放的心胸與良
性的懷疑態度看待這本書。你讀到的內容，可能跟別人
對女性與領導力的觀念大不相同。那些受歡迎的觀念通
常包括增加性別多元化的方法，比方說要求女性加緊腳
步、挺身而進（lean in）、*更有信心，或是假裝有信心直
到弄假成真。本書給你的建議將截然不同。

女性領導人這個議題的進展一直都很緩慢又零碎。
該是時候考慮一個不一樣的解決方案了，而這個解決方
案，需要不同類型的分析。

---

* 指臉書營運長雪柔・桑德伯格（Sheryl Sandberg）的《挺身而進》。

第 2 章

用信心掩蓋不適任

　　西爾芭（Shilpa）和萊恩（Ryan）在一家跨國大型會計公司工作，他們是同組的同事。儘管西爾芭更能勝任也更有經驗，兩人的收入還是一模一樣。西爾芭在這家公司比萊恩多待了五年以上，但是萊恩在面試時給人的印象太好，所以即使他沒有西爾芭稱職，公司卻給了他跟西爾芭相同的待遇。以萊恩對人的逞能態度，他拿到這個職位不會太令人意外。他的自負心相當明顯，不光是在面試時表露無遺，在內部團隊分配任務、對客戶簡報與進行社交活動的時候，也是這樣不改本性。

　　萊恩比西爾芭更常發言、說話更大聲，也比較會為了急著提出他要分享的想法打斷別人說話。說話時他比較少停頓，或是思考更婉轉的表達方式，比較會突然說出大膽言論，而他的主管把這樣的表現視為「有遠見」。當他與西爾芭一起向客戶提出建議時，幾乎都是萊恩在講話。客戶提問時，西爾芭比較會根據更深層的研究與討論，給予各種不同觀點的選項，就算被問倒，她也會坦率承認。然而，萊恩從來不會避免直接回答問題，只是他通常會提出單一的建議做法，要是客戶問了他不知道的東西，他則是很有技巧的迴避問題。

　　於是，他們的老闆以為西爾芭比較沒有信心，因此比較不會做事。最後，萊恩晉升為領導職，而西爾芭留在原來的位置。

　　聽起來很熟悉嗎？因為這種情況，在全球各地到處都是（起碼在蒐集得到數據的地方是這樣），我們總是把展現信自心聯想成領導潛力。

　　想想這些例子：

- 《企業》雜誌網站（*Inc.com*）告訴我們：「自信是領導力成長的根基。」還說：「沒有信心，就沒有領導力。」[1]

- 《富比士》雜誌（*Forbes*）：「信心永遠是領導人最好的朋友」。[2]

- 石英新聞網（Quartz）建議，要是內向者可以建立一點信心，就有機會成為領導人。[3]

- 維珍集團（Virgin Group）創辦人、商業鉅子理查・布蘭森（Richard Branson）讓我們確信，他能

「統治並改善世界」的神祕要素，就是信心。[4]

- 《創業家》雜誌（*Entrepreneur*）向我們下戰帖，要我們找出「一個超級成功、卻非常不相信自己的人」。根本沒有這種人。史蒂夫・賈伯斯（Steve Jobs）、馬丁・路德・金恩（Martin Luther King, Jr.）、麥可・喬登（Michael Jordan）、伊隆・馬斯克（Elon Musk）與馬克・庫班（Mark Cuban）只是少數幾個因為信心而受惠的超級成功人士。[5]*（這些人或許受惠，但是有更多超有信心的人從來沒有像他們這樣成功過，甚至一點都不成功，這要怎麼說？）

我最近受邀在一場大型的全球高階主管集會上發表演說，聽眾是入選「高潛力」計畫的女性領袖，講題是性別與領導力。演說開始時我快速做了一下民調，確認聽眾認為，領導天賦裡根據「科學」理論，最重要的

---

* 馬丁・路德・金恩是美國知名牧師與人權運動領袖；馬克・庫班是美國NBA達拉斯獨行俠隊（Dallas Mavericks）的老闆。

因素是什麼。這個問題不是聚焦於她們私人或主觀的意見，而是要反映出她們對證據與客觀事實的認識。選項包括專業知識、智商、認真工作、社會關係、運氣與信心。很驚人的是，有80％的聽眾選擇信心，而在科學上，信心的重要性低於其他所有要素。

在本章，我們會探討兩個議題。首先，我們會檢視信心與能力的關係。當大部分人看到一個有信心的人，會假設他也是個有能力的人，但是實際上信心與能力之間並沒有關連性。第二，我們會拋出一些性別差異與信心的普遍迷思，以及這些迷思的真正意涵。

能力與信心的區別

你覺得自己有多好？成就特別優異的人，有時很快會把成就歸功於信心。例如，羅傑・費德勒（Roger Federer）可以說是有史以來最偉大的男性網球選手，他第八度在溫布敦（Wimbledon）奪冠時，BBC記者請他透露成功的祕訣。費德勒怎麼說？他說這都要歸功於他的信心與自信。他相信自己，所以就贏了。真的嗎？難道不是他高超且全面的網球技巧發揮部分作用嗎？

可以肯定的是，有不少人擁有費德勒的信心，但沒有支撐信心的天賦。費德勒的成就非凡是因為他的天賦，不是因為他的信心。如果要我選，我寧願擁有費德勒的天賦，而不是信心，特別是因為，正是天賦帶來信心，而不是信心帶來天賦。我也寧願老闆、計程車司機和心臟外科醫師有能力，而不是有信心。

能力是你擅長某件事的程度，信心是你「認為」自己擅長某件事的程度；能力是專門技能，信心是對專門技能的看法。這樣的看法是針對學習得來的技能（例如唱歌、接吻、攀登聖母峰與管理眾人）或針對人格特質（例如聰明、討喜，韌性和創造力）提出評論，或是自我評估。我們認為自己有多好會深刻影響我們的自尊心；任務愈重要，愈會影響我們的自我概念（self-concept）。*

舉例來說，你可能不會因為能認出小賈斯汀（Justin

Bieber）的歌曲而感受到信心增強、能力大大提升吧（搞
不好反而會信心低落）？如果你對自己說古冰島語的能
力沒有信心，你也不太可能會苛責自己。如果某件事對
你來說不重要，或是沒有在社會上受到高度重視，它就
不太可能影響你的自我。但是，如果你是一個登山客，
那麼你相不相信自己能登上聖母峰，都可能會影響到你
的自我概念。

　　就邏輯上來說，信心與能力之間的關係，可以在文
氏圖（Venn diagram）中以同一個單一圓圈表示，†這意味
著我們的自我概念正確無誤的反映出我們真實的能力。
但是可惜呀，在真實世界裡，信心鮮少能夠代表能力；
兩者的關係在文氏圖中只能以兩個不同圓圈重疊的邊緣
部分來表示。

　　要判斷一個人的信心是否符合他的能力，沒有簡單

---

* 指的是一個動態的認知過程，會隨著經驗累積、自我反省與他人
　的回饋意見，逐漸形成對自己的看法。
† 文氏圖是由約翰・維恩（John Venn）創造出來的方法，可以用來
　集合、歸類事物。一個事物可以用一個圓圈或橢圓代表，這個事
　物與其他事物的關係則是透過圓圈或橢圓的交疊來表示。

的方法可以辦到，除非你能夠衡量他的能力。當人們只是口頭上說他們擅長某件事的時候，你唯一能做的就是猜測，猜他們對自身能力的評估是否正確，猜他們是否實話實說。

　　幸好，有上百份科學研究已經處理好這個問題，不只能評估人們「認為」自己有多擅長某件事（他們的信心），也能評估他們有多擅長某件事（他們的能力）。舉例來說，在一份大型的分析報告中，德國教授亞歷山大‧弗洛因德（Alexander Freund）與娜丁‧卡斯藤（Nadine Kasten）統計超過2,000人「評價自己的智商」與「實際的智力測驗分數」，以及兩者之間的相關性，歸納出154項關聯係數。[6]結果顯示，「認為自己聰明的人」當中只有不到10％的人是「真的很聰明」。即使是其他領域的專業技能與能力（例如學術表現、音樂才華與社交技巧），調查結果也是一樣。

當過度自信開始廣為流行……

　　你應該不會感到意外，我們大部分的人都一樣，總是高估自己的技能與天賦。數十年的研究指出，無論是哪一方面的能力，我們對自己的能力認定通常都會高過實際上的能力。[7]

　　例如，你的開車技術比一般駕駛人更好嗎？如果你跟大多數人一樣，你會回答：「是啊。」因為，就算在統計學上不可能大部分人都高於平均值，大部分人還是會高估自己的開車技術。

　　而且不光是開車。雖然大部分人的能力都落在平均值，可是大家都認為自己各方面的能力（例如廚藝、幽默感與領導力）高於平均值。人們也會高估自己的工作績效，所以即使他們很幸運有主管願意提供誠實、有建設性的批評，人們還是難以接受負面的回饋意見。[8]

　　丹尼爾・康納曼（Daniel Kahneman）是開創行為經濟學贏得諾貝爾獎的心理學家，他的大量研究可以總結如下：「我們普遍對自己的觀點、印象與判斷過度自信。」還有哪方面是我們不會過度自信的嗎？不多了。
為了說明這一點，康納曼和同事設計出幾道腦筋急轉
彎，以彰顯我們在思考時會過度依賴直覺。下列是他們
測試過最知名的謎題：

一支球棒與一顆棒球要價 1.1 美元。
球棒比棒球貴 1 美元。
請問一顆棒球多少錢？

這道題目很簡單，但是大部分人都會搞錯，因為他
們過度信任直覺。甚至有 50％ 的哈佛、普林斯頓與麻省
理工學院學生都答錯，說答案是 0.1 美元。[9] 當然，正確
答案是 0.05 美元，而且你不必考上長春藤名校就能算出
來。然而，正因為我們對直覺太有信心，才會根本沒有
費心去確認一下答案是否正確。要是我們沒有用這些腦
筋急轉彎刺激腦袋，或是設計用來欺騙我們的智力問題
來檢驗邏輯，請想想，我們有可能用那些避免不了的社
會問題來檢驗邏輯嗎？而且這些問題的答案似乎跟我們

的直覺感受比較有關係，跟任何邏輯原理都無關。

　　儘管我們的自知之明（self-awareness，指了解自己的程度）有隨著天賦而增加的傾向，然而心理學上最驚人的一項發現正是：專家與一無所知的人在「自我知覺」（self-perceived）的能力上，*差異微乎其微。[10] 最無能的人也會對他們的才華做出最不準確的評估，在跟同儕相比時嚴重高估自己。另一方面，最有能力的人則會更加顯露出自我批判與自我懷疑，尤其是在他們的專業領域上。

　　舉例來說，在一項研究中，全班排名末段25％的學生，在文法、邏輯推理與幽默感的測試中，評價自己的排名在前60％。[11]反而是排名前段的人一直低估自己，也不覺得自己比同儕的表現好多少。在同一份研究裡，表現前87％的人為自己評分時，認為自己的程度只落在70 ～ 75％之間。

　　這些發現的言外之意很明顯：你知道得愈多，愈

---

* 指的是個人對自己身心現況的感知。

會意識到你知道什麼與不知道什麼。專業知識會提高自知之明，包括知道自己的局限。相反的，當你知道得愈少，就愈察覺不到你的局限，也會更加過度自信。就像伯蘭特・羅素（Bertrand Russell）這位知名的數學哲學家與諾貝爾文學獎得主，在一篇譴責納粹德國崛起的知名文章中悲嘆道：「造成這個問題的根本原因是，在現代社會裡，愚者過度自信，而智者充滿懷疑。」[12]

為什麼過度自信的狀況這麼普遍？因為過度自信和多數人顯露出來的其他常見特質一樣，都可以獲得好處：適應的優勢；即使好處與不良後果是一體兩面，人們還是選擇獲得好處。所以，過度自信的好處是什麼？它能提升或維持我們的自尊心。我們對自我感覺良好的渴望，超越我們對「擅長某事」與「精準評估現實（甚至是能力）」的渴望。例如，儘管過度自信與工作表現低落的相關性比較高，但是過度自信的人通常自尊心也比較高。[13]而且，當我們自我感覺比較良好時，並不會改變我們實質的天賦高低，只是人類天性的內在需求驅使我們正面看待自己。[14]有一份大規模的整合分析報告

（meta-analysis）囊括上百份研究報告與上千位參與者，*
其中發現在將近90％的科學研究當中，人們顯露出一種
一致的傾向，會以自利（self-serving）的方式來解釋許多
事件。我們就用一些例子來說明，看你能不能看出下列
敘述之間的關聯：

● 你提出升遷申請，但遭到拒絕。你更有可能怎麼
　做？（a）接受現實，認為你沒有你想像的優秀，
　或者（b）指責雇主不公平。

● 你要去約會，對方是你心儀的人，但這個人後來
　都沒有打電話給你。通常你的反應是？（a）接受
　現實，認為這個人剛好對你不感興趣，或者（b）
　斷定這個人其實沒有魅力，或是他非常無趣。

---

* 整合分析指的是研究與分析眾多研究結果報告，再彙總出總結的
　統計學方法。

- 你快速採買完後想要開車回家時，發現一張違規停車的罰單。你會怎麼做？（a）冷靜的接受，並且因此學到教訓，或者（b）責怪這個體系欺騙駕駛人，想要從中牟利。

- 儘管你沒有期待會被納入升遷候補人選，但你最後獲選晉升主管位置。你會怎麼想？（a）你很幸運，主管高估你的潛力，或者（b）你有才幹，這是你應得的。

- 你突然被公司炒魷魚了。你會怎麼做？（a）冷靜要求回饋意見，這樣才能記取教訓，避免重蹈覆轍，或者（b）試著理解為什麼公司會做出這麼不公平的決策，一直持續到找到可以指責的對象為止。

- 你收到的年終獎金比你預期的少。你會怎麼做？（a）接受現實，認為你的貢獻沒有你想像的那麼重要，或者（b）因為沒有受到賞識而惱怒。

　　你可能已經猜到，大部分的人在這些情況裡會選（b）而不是（a），不過他們不會承認，而且你搞不好也跟他們一樣。為什麼？當我們的身分地位受到挑戰時，為了處理被拒絕的現實情況，以及維護正面的自我觀點，最好的辦法就是表現出過度的自信。對我們大部分人而言，比起確認殘酷的現實，強化自我的選項好太多了。

　　過度自信這麼常見又很難消滅的另一個理由是，這是蒙蔽他人的有效機制。[15]當你已經努力說服自己你比實際上的你更好，這時候要說服別人會簡單很多。

　　用這種方式，過度自信也會自我應驗（self-fulfilling）。*光是「你是領導人」這個事實，就能說服追隨者，讓他們相信你比外表看起來更有能力。這個效果能建立起良性循環，讓大家更認真工作，進而確保你的

―――――――――

* 指思想會影響行為，而行為又會進一步強化思想。

成功。例如，有一項研究發現，適當過度自信的執行長更可能吸引供應商與投資人，而且公司的員工流動率也比較低。[16]過度自信會投射出成功與所向無敵的光環，並且孕育出真正的成功，只因為它能讓人們相信成功和所向無敵都是真的。和其他方式相比，塑造觀感往往最有可能創造現實。

難道這代表過度自信是好事嗎？難道我們應該接受自助產業（self-help industry）的鼓吹，想像自己成功的樣子，然後一直假裝到我們實現它為止？答案是：不盡然。

就算信心可以幫助沒有能力的我們，說服其他人我們有能力，但是以失真的觀點看待自己的能力，還是會有很多壞處。不管是判斷應該在什麼時候穿越繁忙的十字路口、自願接下困難的工作任務，或是出現在《美國達人秀》（America's Got Talent）節目上的時候，當人們清楚了解自己的能力，就會做得更好。就像心理學家藍道・科文（C. Randall Colvin）與傑克・布拉克（Jack Block）提到的：「現實世界確實存在，對於適應現實與社會來說，正確的認知到自我與現實世界之間的關係不可或缺。」[17]

　　請想像你正在做根管治療，牙醫正拿著鑽頭靠向你的嘴巴。這時，你比較希望他欠缺信心還是能力呢？還有，如果是幫你開飛機的飛行員，或是幫你做投資決定的理財顧問呢？當有能力的人缺乏信心時，他們會準備得更周全，行事更謹慎，對潛在的風險與障礙也會更加警覺，這一切都會讓他們表現得更好。然而當有信心的人缺乏能力時，對他們來說，最好的辦法就是不要讓人發現他們的能力。我相信你應該也知道，即使信心能為職涯帶來好處（畢竟，你還是可以永遠瞞過某些人，或是在某些時候瞞過所有人），對於仰賴個人表現的人來說，信心帶來的優勢顯然比較少。而且，別忘了，信心與能力完全吻合的狀況只有10％，所以你將會經常不得不在這兩者之間二選一。

　　請想想看大家最常用什麼來舉例過度自信的狀況，就是開車。人們會認為自己沒那麼醉，然後選擇酒後駕駛，理由之一正是過度自信。所以酒駕的人自認為可以在火車到達平交道之前及時闖過柵欄，或是可以一邊開車、一邊發簡訊。在2018年，美國汽車協會（American Automobile Association，簡稱AAA）調查1,000名成年人，發現79％的男性與68％的女性認為自己的駕駛技術高於平均值。[18]根據統計，2017年美國約有超過4萬人死於車禍。[19]很顯然，如果我們都能更正確的看待我們的各種能力，我們會更加安全，但是我們沒有這樣做。

內在的自信與外在的自信

我們已經知道，就算我們錯估其他人的能力，他們的自信還是會產生自我應驗的效果，幫助那些只是外表看起來更有信心的人敞開大門與機會。所以，才有那麼多立意良善的人建議女性要更有信心，才能在工作與職涯中取得成功。不過，這類建議有許多問題。

首先，這些建議並沒有指出信心有兩個面向。儘管信心是一種內在的信念，但也有外顯的面向，這關係到你在他人眼裡看起來多有自信。信心外顯的那一面最重要，因為它經常被誤認為真正的能力。

回到本章開頭的例子，萊恩看起來比西爾芭更有信心，但是我們並不知道他實際感覺多有信心。搞不好他展現出來的信心，是為了拚命掩蓋他極端的不安全感。當客戶問他問題，他從不承認他不知道，是害怕看起來像笨蛋。另一方面，西爾芭的內心可能比萊恩更有信心，搞不好她擁有足夠的信心，自信到可以承認她沒有掌握到所有資訊。但是，以外在狀況衡量，西爾芭才是看起來沒把握的那一個。

最重要的是，不管我們的內心感受到多少信心，當我們向他人展現信心時，他們往往會預設我們有能力，至少在我們證明他們看錯之前是如此。

認知的信心與能力之間的關係很重要。雖然一般人都認定女性比男性還要缺乏信心，有一些研究也顯示出女性看起來比較沒信心，但是仔細觀察會發現，這些研究證實女性擁有的是內在的信心。事實上，男性和女性都會過度自信，只不過男性的狀況還是比女性嚴重。

就像哈佛商學院的蘿賓・艾利（Robin Ely）與喬

治城大學的凱瑟琳・廷斯里（Catherine Tinsley）在《哈佛商業評論》中寫到，認定女性缺乏信心的想法根本是「謬論」：

> 這個主張經常被引用來解釋，為什麼女性在會議中比較少發言，以及除非她們100％肯定自己符合工作要求，否則不會提出升遷。但是研究當中並沒有證實女性比男性還要沒自信的觀點。分析超過200份研究報告後，克莉絲汀・科林（Kristen Kling）與同事的結論是，男女之間唯一出現明顯的差異是發生在青春期；而到了23歲過後，男女差異小到可以忽略不計。[20]

有一支歐洲團隊研究上百名工程師後，也得到和科林有相同的發現，他們的報告表示女性通常都會對自己有信心。[21]但是，研究人員也注意到，旁人未必會看出女性的信心。儘管研究報告都指出男性和女性同樣對自己有信心，但是男性看在旁人眼裡更可能被評價為有自信。女性在自我報告（self-report）中表達出的信心，*與他人如何看待她們的信心，兩者之間沒有關連性。

　　更糟的是，對女性工程師來說，展現信心一點都不會為她們的領導力加分。對男性而言，表面的信心能轉化為影響力，但是對女性來說，展現信心卻沒有相同的效果。女性要在組織裡有任何影響力，就必須看起來有信心、有能力，又會關心大家。至於男性，光是信心就能轉化為更有效的組織影響力，而展現出關懷的態度對大家如何評估他們的領導潛力則是沒有影響。

　　看起來，相對於男性，我們比較無法容忍女性對自己很有自信。這種偏見為女性創造出雙輸的局面。[22]因為女性看起來沒有男性那麼有信心，也因為我們把信心視為領導力的核心，我們會要求女性要額外展露自信，才認定她們值得納入領導職位的考慮人選。然而，當一名女性展現出那樣的信心，或是甚至比男性看起來更有

---

*「自我報告」指的是，在不受干擾的情況下，受訪者自行選擇答案的研究或調查方法，可以得知受訪者真正的感受、態度或信念等。

信心，我們又會因為她「太有」信心而裹足不前，因為那個樣子不符合我們的性別刻板印象。

如果女性並沒有缺乏信心的問題，為什麼我們對男女行為的看法會不一樣呢？為什麼女性除非100％符合條件，否則很少提出工作申請或要求升遷？還有，為什麼女性在會議中比較少發言，而且在提出建議時更有可能列出好幾個選項讓對方參考？

如果答案跟女性的內在感受無關，就一定跟她們對外在的感知脫不了關係。換句話說，行為上的差異不是出於性別的不同，而是出於男性與女性受到的對待不同。有證據顯示，女性比較少獲得有用的回饋意見，犯錯時會被批判得更嚴厲，而且錯誤會被記住得更久。此外，她們的行為受到更仔細的審查，同事也比較不會跟她們分享重要的情報。而且女性發言時，比較有可能被打斷或無視。[23]

在這樣的環境下，即使是超級有信心的女性，行為舉止跟男性截然不同也很合理。就像艾利與廷斯里在一家生技公司觀察到的，女性科學研究員很少在會議中表

達個人觀點，就算是在一對一的互動中也一樣，她們傾
向分享許多實用的資訊。但是，領導階層卻將這種差異
歸因於缺乏信心，艾利與廷斯里指出：「這些領導人沒
有看出來的是，當女性在會議上發言通常不是被無視，
直到有個男的重新提出和她一樣的想法，不然就是因為
發言內容有一點小瑕疵所以很快就被否決。反之，當
男性的想法出現瑕疵，其他值得稱讚的部分會被保留下
來。所以，女性會覺得在冒險分享意見之前，需要110％
肯定自己的想法沒有問題。於是，在這種狀況下，識相
一點比較實際，保持沉默感覺起來比想法一再遭到駁回
好多了。」於是，因為我們根據外顯的信心而非實際的
信心或能力來選擇領導人，我們不光是選出更多男性，
結果還選出更多更不適任的男性。

過度自信的危險性

如我們所見，不論男女都傾向高估自己的能力，也

認為應該要比原本顯露出更多信心。還記得開車的例子吧？根據調查，不管男女都認為自己的開車技術在平均水準之上，只是男性比女性更容易過度自信。例如，在那一份民意調查當中，男性駕駛人過度自信的比例，比女性駕駛人多出11％。[24]

還有一個例子來自哥倫比亞大學的厄內斯托・魯本（Ernesto Reuben）與同事在2012年提出的一項研究報告。再一次，這份研究的男性和女性受試者都高估他們的數理解題能力，但是男性高估自己的程度大約有30％，女性則是15％。[25] 在一份巧妙的後續研究當中，研究人員將受試者分組，進行數學解題競賽。每一組都必須選出一位領導人擔任代表；由於獲勝的組別能得到現金獎勵，每一組都對於選出最有能力的代表興致勃勃。但是，魯本和同事改變其中幾組的現金獎勵規則。在這些組別裡，獲選為代表的人將會收到一份額外的獎金，只因為他們扮演帶隊的領導角色。如同我們的預期，這些組別當中無論男女，都為了領導角色跟獎金誇大自己的能力。但是男性吹噓程度比女性高很多，而且他們也最有機會被選為領導人。此外，研究人員發現，女性被選為領導人的機會，往往比她們的能力水準還要低了30％。

前文也提過，過度自信能讓人獲得好處，但是過度自信的人的部屬很少因此受惠。這項觀察固然精準說明了狀況，我們對自信者的喜愛卻經常導致我們判斷錯誤，以為自信滿滿本身就是一種優勢。

為什麼男性更有可能過度自信？或許是某種根深蒂固的演化適應作用（evolutionary adaptation）製造出這種性別差異，但是最簡單的解釋是，男性生活在一個缺點更有可能得到諒解、優點更有可能被放大的世界裡。於是，他們很難正確的看待自己。過度自信是這種優待特權自然產生的結果。

過度自信對於領導人來說的確有一些好處（如同我們已經看到，它能製造一些自我應驗的效果，讓別人相信這位領導人就像他自認的那麼優秀），但是過度自信的缺點也非常多，特別是對其他人來說缺點更多。想想大衛・卡麥隆（David Cameron）。這位前英國首相過度自信的決定舉行公投，讓人民為去留歐盟進行票選，結果導致英國脫歐，不但讓國家的未來岌岌可危，也危及整個歐洲。而且，不幸的是（對他和他的國家都很不幸），公投真的是愚蠢的錯誤。卡麥隆身為英國首相的表現不錯，即使是那些天生的批評家也給他相當高的評價。挾著強勁的經濟表現與正面聲譽，卡麥隆以為同意舉行去留歐盟的公投，就能讓黨內的反歐盟議員沒話說。作為一個親歐的有力人士，他顯然有把握公投會按照他的盤算走，於是低估脫歐的公投結果可能產生的效應與後果。很快的，兩年過去了，他的政治生涯已經完蛋，而他的國家依然面臨龐大的不確定性，也還在進行全面的停損控制（damage-control）當中。

　　過度自信決策會帶來壞結果，這當然不是什麼新鮮事，而且有無數的領導錯誤災難證實這一點，包括拿破崙進軍莫斯科、*約翰・甘迺迪入侵豬玀灣（Bay of Pigs

---

* 指俄法戰爭，此戰後，拿破崙帝國分崩離析，他所建立的歐洲秩序旋即逆轉，並遭受毀滅性打擊。拿破崙本人也因而退位，被放逐到義大利的小島上。

Invasion），*還有越戰。†同樣的，過度自信的領導人會一再爭取他們沒有足夠條件或裝備去完成的任務，於是他們的能力不足將嚴重妨礙團隊的表現，並且打擊士氣。26

　　過度自信的領導人很容易做出不顧後果的決策，有個理由是他們對負面的回饋意見無動於衷。大部分人很難忍受批評，而且大部分的組織與社會打造出的文明環境，卻都鼓勵人們偏愛白色謊言，而非殘酷事實。優步（Uber）、亞馬遜（Amazon）與橋水（Bridgewater）等好幾家企業都已經落實殘酷的坦誠文化，對他們來說，「徹底的透明」是常態。但是，也有數千間公司相信，說實話不光是策略上的不智，還會封殺職涯。最近甚至出現一股趨勢，要在績效考核中排除負面評價，根據報導，一些公司像是威睿（VMware，戴爾的雲端計算部門）、電子商務平台威菲兒（Wayfair），以及波士頓顧問

---

* 豬玀灣位於古巴西南岸，此次入侵讓剛上任90天的甘迺迪政府大失信譽，古巴的卡斯楚政權穩固下來後，開始向蘇聯靠攏，最終導致1962年的古巴飛彈危機。
† 越戰讓美國在冷戰中由強勢的一方轉為弱勢，同時種族與人權問題加劇，反戰運動使國內極度分裂。

集團（Boston Consulting Group，簡稱BCG），都轉成純粹提供正面回饋意見了。[27]這個趨勢讓績效考核變成迎合人心的無效作業，於是，員工最多只能期盼，在考績的字裡行間讀出主管想要從他們那裡獲得什麼協助。

更糟的是，領導人比員工更沒有機會得到負面的回饋意見。你愈是成功掌權，大家對你愈是奉承巴結，就算他們對你的評價很差。因此，領導人必須經常自我批判，對於可能的批評做好準備、謙卑以對，並且渴望做得更好。研究顯示，最準確的批評來自領導人的直屬部屬，因為他們最了解領導人的實際表現。但是，有多少員工會對定期批評主管感到自在？答案是非常少，不過如果他們是在某位特別優秀的領導人手下工作，或許可以毫無芥蒂的批評他。然而，由於大部分領導人（尤其是男性）都對自己的表現過度自信，沒有人會天真到期待他們接受負面的回饋意見或批評，特別是他的直屬部屬。[28]

反之，能察覺自己弱點的人，以及能夠明確認知到自己的局限的人，都會聽取部屬的意見，並且願意理解必須做哪些事才能改進，但是他們首先得成為領導人！
在一個總是選出過度自信領導人的環境裡，過度自我批
判的人或是只是有一點點不安的人，自我要求應該都很
高。但是，他們通常被認為實力不足、不夠有自信，無
法成為領導人，因而很有可能會被忽視或嘲笑。擔任過
領導人教練的所有人都知道，最受教的領導人，從來都
不會高估自己的能力。

　　儘管大家普遍認為信心是非常有魅力的特質，
但是只有當信心伴隨著實際的能力，才會令人滿意。
迪齊・迪恩（Dizzy Dean）與偉大的穆罕默德・阿里
（Mohammed Ali）都說過：*「如果你能辦得到，才不算是
吹噓。」（It ain't bragging if you can back it up.）大家通常
都會讚美你的信心，除非他們認為你的信心沒有實際能
力支撐，或是你不合理的高估自己。想想有哪個你討厭

---

* 迪齊・迪恩是美國職業棒球大聯盟投手，曾經單季拿下30勝，並
且入選棒球名人堂。穆罕默德・阿里是活躍於1970年代的職業拳
擊手，有拳王之稱；他不只賽績驚人（1960～1963年間19戰全
勝，其中15場更是擊倒對手獲勝），也因為拒絕服役、反戰、公
開皈依伊斯蘭教等舉動而引人注目。

的人是因為看起來很傲慢才討人厭。所以，問題不是缺乏自信，而是他的信心跟實際能力相比差太遠了。

　　不幸的是，對大部分組織來說，狀況都不像是在體壇或軍隊裡那樣，我們可以評估領導人的客觀數據實在很少。當你無法適當的評估能力，就很難看出這個人是否過度自信，也無法看穿過度自信所掩蓋的不適任。

第 **3** 章

為什麼壞蛋總是勝出？

「他是個糟糕透頂的主管，」某位工作者說：「我覺得我根本不可能為他工作……每回告訴他一個新構想，他會馬上抨擊，說這個構想沒用，甚至說它蠢斃了、要執行根本是浪費時間，這種狀況實在太常發生。光是這點就可以說他是很差勁的管理者，但是，如果你提出好構想，他會很快告訴大家這是他想出來的。」

很少有人會想為這種主管工作；而且，想必更少人會認為這樣的主管有可能被拔擢為史上最棒的企業領導人。不過，請注意，這段話裡描述的不是別人，正是史蒂夫・賈伯斯，而他是史上最成功企業之一的創辦人。[1]〔那段話出自傑夫・拉斯金（Jef Raskin），他負責帶領團隊設計麥塔金電腦的原型。〕儘管蘋果公司從2011年賈伯斯過世後，就沒發表過造成大轟動的產品，還是成為美國史上第一間市值兆元的公司。*

許多評論家至今仍然苦思賈伯斯悖論而不得其解，

---

* 根據BBC的報導，蘋果公司於2018年市值達到兆元以上，更在2020年8月股價升到467.77美元，等於公司市值正式翻倍，達到兩兆元以上。

部分原因是它符合一個常見的原型：這位嚴厲、有遠見的完美主義者，是被自我形成、擋不住的巨大力量所啟動與施壓。隨著賈伯斯戲劇化的產品發表方式、那一件簡直是制服的高領毛衣，以及自大狂妄的傳教方式，他似乎為野心勃勃的領導人提供一個可遵循的模範。甚至有人說他在講述蘋果產品、說服員工、投資人與供應商時，能創造出一種邪教般的現實扭曲（reality distortion）效果，讓人覺得沒有他辦不到的事。就像看待許多受苦的藝術家一樣，我們傾向於認為賈伯斯的人格怪癖和他的天才密不可分。

在現實中，像賈伯斯這麼難搞又差勁，還能成功的領導人，實在很少見。如果有一個人格有瑕疵的人可以白手起家、當上億萬富翁，我們應該說儘管他有人格缺陷，還是成功了，而不是說這些人格缺陷，讓他成功。所以，賈伯斯的故事能夠成為真正的傳奇特例，不光是因為蘋果（在他被自己創辦的這間公司炒魷魚後）重新延攬他擔任執行長，還包括他達到的成功水準異常的高。許多賈伯斯的粉絲會把他空前的成就歸因於古怪又絕不妥協的個人特質，此外，也有許多自戀型領導人可以跟賈伯斯一樣扭曲現實、想出絕妙的構想或是超誇張的願景。只不過，這些自戀型領導人的主要問題是，他們不是賈伯斯、也沒有他的天才，他們的妄想絕不會變成下一間蘋果公司。

可惜的是，正是因為這些不具有代表性的例子特別值得紀念，我們總是傾向於拿它們來推論。所以，愛因斯坦早年在學校時並沒有嶄露頭角，不代表成績差可以幫你贏得諾貝爾獎。同理，約翰・柯川（John Coltrane）的音樂天才不是來自他的海洛因毒癮，＊而是他的天才以某種方式努力在海洛因下倖存。個性難搞的唯一優勢是，這些特質或許不適合一般的工作，於是可能驅使這些人獨立創業，這是單純出於需求，而不是為了報復。不過，超級成功的創業家與無法受雇於人的人之間，還是差了一大截距離，而這個距離應該是由天賦、而非個性所造成。

＊　美國爵士薩克斯風手與作曲家。

　　許多領導人相當惹人厭，儘管個性惡劣，卻依然可以受雇於人，還獲得出色的個人職涯成就。所以，本章要探討領導力以及兩種最知名的有害特質（「自戀」與「精神病態」）之間的關係。*比起泛泛談論一般那些難相處的主管，觀察這兩種人格特質，可以讓我們更深入的檢視有問題的領導人。本章也將提出以實證為基礎的合理框架，仔細說明這個問題。

　　當然，領導力的黑暗面不光只有自戀與精神病態。為什麼要鎖定這兩種人格特質？原因有幾個。除了這兩種人格特質在領導人身上比在一般人身上更常見，也因為它們可以完美的詮釋黑暗面的矛盾心理。此外，這兩種傾向不只會產生不良後果又令人討厭，還會與看似有魅力的特質共同存在，因而掩蓋住大部分黑暗面的傾向。自戀與精神病態會這麼迷人，是因為它在幫助領導

---

* 精神病態（psychopathy）是一種病態人格，現代多以「反社會人格障礙」稱之，具有反社會人格的人在初識時往往給人理性、高EQ、善良、隨和、低調、謙遜、無害的印象，但是他們缺乏同理心、悔恨與羞恥的心理特質，熟識後人們才會發現他們為人自私又衝動。這些人同時也善於偽裝、欺騙與操縱人際關係。

人職涯步步高升的時候，同時會傷害他們領導的人跟組織。這些領導人並非徹頭徹尾的不適任，但是普遍具有破壞性，特別是長期來看造成的傷害更大。

各式各樣的研究顯示，高階管理人員出現精神病態的機率介於4～20％之間。即使是最低的4％，也是一般人出現精神病態機率的4倍，一般人只有1％。同時，自戀性格占總人口的普及率只有1％，研究卻顯示如果是在執行長當中，這個數字是5％。[2]

在男性身上比在女性身上更有可能發現這兩種特質。例如，臨床數據顯示，男性具有自戀性格的機率比女性高出40％，這或許可以解釋男性比較有可能過度自信的原因，這個現象我們在第2章曾經探討過。此外，男性擁有精神病態性格的機率是女性的3倍。

辨識有問題的自戀性格

當我們說某個人自戀時，是什麼意思呢？[3]首先，自戀的人會不切實際的誇大其辭、感覺自己高人一等，表現出虛榮、自負的態度，並且誤以為自己充滿天賦。然而，在這種優越感的表面底下，他們的自我概念通常很不穩定：由於自戀者有很強的自尊心，但內心卻很脆弱，所以他們經常渴望得到別人的認可與認同。這樣的迫切需求並不意外，畢竟如果你不斷賣弄自己的能力，很可能是希望得到別人的欽佩。這種內在的不安全感，在謙遜的人當中自然很罕見。

其次，自戀者通常是自我中心的人。他們對別人不太感興趣，缺乏同理心與感受他人感覺的能力。因此，自戀者極少真誠的設身處地為自己以外的人著想。

自戀者的第三個顯著特徵是，他們非常在乎應得的權利。自戀者普遍會展現出他們應該擁有某些特權、享有比一般人更高地位的態度。這種例子一大堆：「我真的要申請才能升遷嗎？」「為什麼我沒有拿到更多獎金？」「我真的得排隊慢慢等嗎？」這些「權利」或許會成為自戀者的擋箭牌，讓他們在職場上或其他地方「合理的」剝削他人。當你覺得自己比別人優秀，就會莫名感到不公平，並且擺出頤指氣使、居高臨下的態度對待別人。

數十年來，心理學家為了檢測自戀程度，設計與測試出許多不同的工具。最常見的方法是自我報告問卷調查，詢問受試者個人習慣、偏好或意向，題目包括「我是天生的領導人」、「我比我認識的人都更能幹」等。如果你覺得這個方法太容易被識破，那你就錯了。印第安納大學（Indiana University）的莎拉・康瑞斯（Sara Konrath）近期一份研究顯示，光靠一道問題，就能看出一個人是不是自戀者：「請回答你對這項敘述的同意程度：『我是一個自戀者。』注意：自戀者是指自我主義、自我中心與自負的人。」[4]

受試者必須根據1（完全不是我）到7（這就是我）顯示他對這項敘述的同意程度。令研究人員大感意外的是，自戀者相當樂意坦承自己有自戀的傾向，而且比起另外11份更長期、更完善的研究，這麼一道問題竟然能精準抓到人們的自戀傾向。自戀性格可以透過單一問題輕易偵測出來，是因為自戀者不光是知道他們無比自愛、利己，同時也為此感到驕傲，他們真的很愛自己，並對此坦然無愧。

除此之外，也有一些比較不容易被識破的方法可以偵測出自戀特質。例如，高階主管的自戀可以從下列跡象來推論：他們企業形象照片的尺寸大小與吸引力、他們在公司手冊與刊物中被提及的次數，以及他們使用「我」和其他指稱自己的代名詞的頻率。[5]

如果是執行長，他們的自戀也能從薪酬福利推論：他們愈是自負，跟組織裡其他人的所得差距愈大！[6] 不久前，許多研究都已經證實，只要觀察數位足跡，就能偵測出一個人是否自戀。例如，愈性感、吸引人或自我推銷（self-promoting）的臉書照片，當然，還有過量的自拍照，都是自戀的跡象。[7]

為什麼自戀者更有可能成為領導人？

只要翻開報紙沒有人會感到意外，自戀者往往很容易成為領導人，而且我們會被他們吸引的理由很容易理解。儘管自戀的領導人實際人數難以估計（大部分是因為他們很少有人做過自戀測試），還是有許多研究指出，自戀者在領導位階占據的比重特別高。有一份研究曾經評估過美國總統的自戀情況，並且根據幾個重要面向進行測驗，例如誇大（grandiosity），結果有80％的美國人在自戀性格的評分上，得分低於歷屆美國總統的平均分數。[8]不過，沒有誇大的個性特質的人，哪會夢想成為美國總統？其他研究顯示，就算對照性別、自尊與幾項主要人格特質，例如個性外向或好奇心，自戀評分還是能預測一個人會不會成為領導人。[9]同樣的，在沒有領導職位的實驗室裡，就算成員對彼此一無所知，自戀者也比較常成為領導人。為什麼會這樣？

首先，自戀者具有（或是被認為有）一些正向特質，例如創意水準高。但是，實際上，自戀的人並沒有比其他人更有創意；他們只是更會推銷點子。

此外，自戀者會花更多時間與精力經營外表。他們是形象管理大師，透過展現吸引力與自信來誘騙大家

（我們在第2章討論過，信心經常被誤認為能力）。形象管理是職場升遷的關鍵技能，不管你是否自戀都一樣。[10]但是，自戀者比其他人投入更多時間與心思熟練這項技能，自然就會比較擅長。

或許就結果而言，許多組織是把自戀型領導人與員工視為企業的核心成員。自戀者當然欣然同意這樣的角色，儘管他們經常覺得自己比公司重要多了。我聽過很多高階主管抱怨公司沒有充分賞識他們的才華，同時卻又向我保證，他們的個人品牌比公司名氣還要響亮，這是完全典型的自戀者說法。

自戀者本來就很在乎身分地位，因此也比其他人更重視權力與成就。事實上，最有效的自戀性格測試是評估「領導力或權威」的面向。自戀會隨著人們對領導力與權力的興趣提高而增加。要評估自戀性格的「領導力或權威」面向，最好的一項測試敘述是：「我天生就比較會影響他人。」畢竟，想要展現自我認知的優越感，有什麼方法比成為領導人或主管更好嗎？不意外的，自戀者對普通的工作興趣缺缺，也不想當員工。

重點是，遊戲規則有激勵自戀者在組織裡往上爬的傾向。對於自戀者占據企業領導職位比例過高的事實（不光是美國企業有這個問題），沒有比這個更好的解釋了。

而且，有一件事可以肯定：如果你是透過提供豐厚的薪資報酬、給予花俏的頭銜，並且頌揚領導職位是個人職涯里程碑等方式，吸引大家擔任領導職位，那麼無可避免的，最終將有很多自戀者掌理你的公司。當組織傾向吹捧英雄與有遠見的領導人，會讓這個結果變得更嚴重。在塑造與推銷一個改變遊戲規則的浮誇願景方面，沒有人比得上自戀者。

有時候，組織會認為由自戀者擔任領導人沒有問題。顯然，自戀者那種超乎常人的自信能激勵追隨者、帶動他們的幹勁。研究也指出，在高績效的領導人當中，帶點自戀傾向不但很常見，而且還有好處。[11] 但是，自戀者帶領的組織會面臨兩個問題：第一，自戀的好處在困難與情勢複雜的時期會消失，這是每個領導人都該預料得到的狀況。第二，許多領導人展現出來的自戀不是只有一點點而已。而且你可能已經發現了，他們多半是男性。[12]

為什麼男性比女性更自戀？

　　如同男性展現出的信心與自尊比女性更高，男性也更加自戀，這是同一種現象的極端版本。例如，在臨床上，男性擁有自戀性格的比例就比女性高出40％。男性自尊心普遍較高，據說原因之一就是他們通常比較自戀。近期一份整合分析報告廣納355份研究報告，研究對象約有50萬人、年齡介於8～55歲，這份報告指出，在目前發現的兩性心理特質差異當中，自戀性格的性別差異最大。[13]

　　特別是，研究認為自戀性格主要受到兩個特定的面向驅使，而在這兩個面向上，男性的分數都高於女性。第一個面向是所謂的「剝奪性應得權益」（exploitative entitlement），能一貫的預測個人行為是否傷害同僚與組織。這些行為包括偷竊、霸凌、騷擾與上網閒逛（假裝在工作，其實在瀏覽網頁）。第二個面向是「領導力或威權」，這可以解釋為什麼某些人認為自己更有領導人的樣子，也可以預測領導人掌權後是否會採取獨裁專制的作風。

　　為什麼男性比較自戀？有兩個重要理論可以提供解答。從演化的角度來看，男性會更加自戀是因為性擇（sexual selection）有助於支配、競爭與追求地位。*從文化的角度來看，如果男性在歷史上一直占據社會中更有權力、更有魅力的位置，就能預期他們會更武斷、認為自己更有資格享有權利。

　　如果要測試這些理論的有效性，我們可以檢查自戀比例隨著時間產生的變化。如果演化論正確，可以預見的是性別差異不會有太大變化，因為演化上的改變需要數千年的時間才會顯露出來。如果文化的解釋正確，我們很有機會看見最近數十年的自戀比例有所改變，因為我們的社會在性別上變得更均衡、平等。事實上，我們真的看見這樣的轉變。

　　許多整合分析研究報告都指出，自戀的性別差異在過去數十年確實已經下降，主因不是男性變得沒那麼

---

* 「性擇」指雄性為了競爭交配機會，而促成性狀的演化。

自戀，而是女性變得更加自戀了。這項轉變再次肯定，鼓勵女性挺身而進，或是為了在公司中升遷，使行為舉止更像男性，會造成危險的後果。我們只是在吸引她們加強可能製造問題的領導模式，並不會降低現有的領導人不適任的比例。幸好，目前為止我們對舉止自戀的女性領導人還是感到相當反感，這正是在告訴女性，表現得更加自戀未必能保證她們肯定能爭得一席之地。因為這種行為背離了女性更加願意共享、溫柔體貼與無私的社會刻板印象。極力主張自戀，在各方面都是不好的建議。然而，很遺憾的是，我們還沒有意識到，傳統的女性利社會（prosocial）特質，*對有效領導至關重要。

　　同樣很有問題的是，男性鮮少因為比較謙遜而受到獎勵，我們對於展現自戀行為的男性領導人則是太過包容。[14]聖母大學（University of Notre Dame）的提摩西‧賈奇（Timothy Judge）與康乃爾大學（Cornell University）

---

* 又稱為「親社會」，指的是對社會有積極的影響，或是能夠增進團體或他人利益的傾向。

的貝絲・列文斯登（Beth Livingston）的研究支持這項
主張，他們發現當男性更友善、更有同理心、更好相處
時，職涯也會變得比較不順遂。更具體來說，他們的研
究揭露出這些特質與收入之間普遍具有負相關，暗示
「好人與女孩敬陪末座」，而且男性當好人比女性當好人
要面臨的問題更多。[15]由於男性可以從自我中心的性格
得到比女性更多的獎勵，一旦自戀型領導人是女性〔例
如瑪莎・史都華（Martha Stewart）〕，而非男性〔例如
理查・布蘭森（Richard Branson）〕時，大眾普遍比較負
面看待她們。驚人的是，做出令人不愉快的行為的人，
無論男性或女性，依然能夠從這種行為中獲得回報。

為什麼自戀者不會成為好領袖？

有一句警語我要寫在本段的開頭：領導力的有效性
源自許多個人特質（而且受限於情境）。自戀可以很輕
易的與其他天賦共存。如果你是自戀者，或是你為自戀

者工作，那麼你應該知道，自戀型領導人對追隨者與組織來說，還是能產生正面的影響力。

　　以伊隆·馬斯克為例，無論拿什麼標準來看，他都是非常成功的男性。他與別人共同創辦PayPal並成功出售後，迅速轉往創立一系列的新創公司，想要改變世界生產能源、運輸人與貨物、讓人們配合機器工作，以及探索太陽系的方式。這些新創企業的願景完全一致，都是要使盡全力為人類尋求更永續、面對環境變遷更有韌性的未來，並且執行過程將結合絕佳的工程學與跳脫既有想法的思考力。不可否認的是，這些努力最終是否會成功還不知道，但是目前為止，他們的成果出乎意料，並且啟發上百萬人。

　　馬斯克的創業天賦無可否認非常傑出；創業天賦指的是可以把原創、有用的想法，轉變成實務改革的能力。然而，他的風評當中也有自戀的面向，這樣的面向最近（倒不如說是經常）表現在他與投資人、媒體和員工之間挑釁的咆哮上，他在社交媒體中挑起衝突與喜怒無常的表現，以及他無法冷靜成熟的接受批評的態度。

這樣的行為模式（我指的是他的公眾角色，不代表他可能是自戀者，我也不是在進行臨床診斷）跟他積極改革、以人為本的願景完全相反。這些行為破壞他呈現出來的光明面，於是《紐約時報》專欄評論家把馬斯克形容成矽谷的唐納·川普（Donald Trump）。

　　當然，成功的創業家、實業家與白手起家的億萬富翁得以「脫穎而出」，不只是因為他們的本領與成就，他們古怪、難搞與反覆無常的公開形象也有不少貢獻，而且這種模式已經有悠久的歷史。霍華·休斯（Howard Hughes）晚年寧可與世隔絕，也不願與大眾往來，以免暴露在他非常害怕的細菌之中。約翰·保羅·蓋蒂（John Paul Getty）在豪宅裡裝設投幣式付費電話，免得要幫賓客打的電話付錢。*美國線上公司（AOL）執行長提摩西·阿姆斯壯（Timothy Armstrong）在一位高階主管為了內部網路拍下他的照片後，在電話會議中解雇他。

---

* 霍華·休斯是美國休斯飛機公司創辦人；約翰·保羅·蓋蒂是美國石油鉅子。

還有賈伯斯，他是最知名的例子，本章開頭已經提過。

　　簡單來說，當你身為領導人時，自戀傾向帶來的妨礙會大於幫助，而且對其他人還有特別糟糕的長期影響。

　　自戀者起初或許會吸引其他人，但這些第一印象多半會穿幫。舉例來說，有一份近期研究蒐集橫跨3年、在荷蘭175家零售商店的長期數據。[16]結果顯示員工愈了解主管、與主管互動愈多，當主管的自戀評分愈高，員工就愈是負面看待。換句話說，只要主管盡量減少與員工的互動，他們的自戀就不會自動轉化成負面的名聲。不過，在經過長時間的互動後，自戀者更不可能在員工面前維持好形象。這些結果與大部分研究的結論一致，都顯示自戀者要跟人維持長期關係特別困難。

　　任何一個想要仿效史蒂夫・賈伯斯、試圖成為下一個創業超級巨星的人，都比較有可能會失業，而不是成為商業奇才。事實上，賈伯斯被自己創立的公司炒魷魚，一點也不奇特。許多創業家都遭逢相同的命運，這是因為覺得必須自己創業的那些人，跟覺得很難在別人公司上班的人，往往是同一批人。

　　無論如何，關鍵不是自戀特質對領導人造成的影響，而是它對其他人的影響。而在這一點上，研究結果提出最有說服力的證據，顯示組織如果能大幅減少自戀者擔任領導角色，績效會好很多。這樣的建議有三個理由。

　　第一，自戀者顯然更容易做出會造成反效果與反社會的工作行為，例如霸凌、欺瞞、白領犯罪（white-collar crime）與騷擾，＊包括性騷擾。而且，有鑑於這些有害行為具有傳染性，他們的團隊與組織也更有可能涉及不道德與破壞性的活動。[17]

　　這項研究的發表日期早於最近促成 #MeToo 運動的騷擾事件，#MeToo 運動只是老現象的新症狀：自戀型領導人（多半是男性）濫用權力以增進自身利益，最終非但傷害受害者，也傷害組織。就拿哈維・溫斯坦（Harvey Weinstein）來說，他是米拉麥克斯（Miramax）影業創辦人，也是好萊塢最成功、最有權勢的製片人之一，才華洋溢無庸置疑，代表作有《黑色追緝令》（*Pulp*

＊　白領犯罪多指取得鉅款的非暴力犯罪。

Fiction)、《紐約黑幫》(*Gangs of New York*)與《亂世浮生》(*The Crying Game*)。可是他的黑暗面在2017年10月成為大眾討論的話題，單單一個月，就有80位女性出面指控遭到他性虐待，包括性騷擾、性侵害與強暴。先澄清一下，不是所有自戀者都會捲入這類或其他的犯罪行為，但是當位高權重的成功領導人這麼做，往往是因為自戀。

第二，儘管自戀者剛晉升到領導職位時通常表現得體，但是這多半是短暫的蜜月期，之後就會進入讓人難以樂觀看待的階段。例如，自戀型領導人，特別是自戀的執行長，他們的收入高於同行，也更有可能把組織推向揮霍無度的購併與其他投資，卻可悲的無法提高投資報酬率（ROI）。[18]

自戀型領導人的恢宏願景剛開始都很吸引人，但是卻有執行困難的傾向，因此他們不太可能實現這些遠大的計畫。部分是因為他們只顧自身利益，帶領追隨者的能力才會遭到限制，在落實野心勃勃的計畫時，很難讓別人參與進來。這樣的人際關係缺點，會讓自戀型領導人無法建立與維持一個高績效的團隊與組織。

好的領導人會跟團隊好好相處，幫助他們超越競爭團隊與組織，自戀型領導人希望在團隊當中獨自取勝。這樣的領導人，最好的情況是成為一匹孤狼，最壞的情況則是變成一隻依賴他人過活的寄生蟲。

第三，就算組織意識到這些問題，一旦自戀者受命坐上領導職位後，問題也無法輕鬆解決。自戀的症狀不會隨著時間大幅推移，所以我們無法光是等待自戀型領導人自己變好。研究已經發現，從兒童初期就能評量成年後的自戀程度，即使是只有4歲的兒童也一樣。自戀和其他心理或身體特徵相同，也受到遺傳因素影響。[19]

自戀型領導人比較不受教，特別是因為他們會強烈抗拒負面的回饋意見。他們很快就會爭奪功勞，推諉過失。如果自戀者很罕見的對批評做出回應，他們多半反應激烈，並且利用這些回饋意見來報復，而非改善情況。更糟的是，自戀者衝動的天性會加劇這樣的傾向。由於他們缺乏自制力，自戀者難以維持任何進取心，好讓自己進步或是改善。

　　大部分人面對其他人提出的精準批判意見時，都會學著抑制人格中可能造成反效果或令人不快的面向。只有願意這麼做，才能使回饋意見內化、增進自知之明。但是，自戀者這方面的態度與能力少得多了。

為什麼我們熱愛精神病態？

　　現在，讓我們把注意力轉到另一個主要的黑暗人格。在領導力的相關議題裡，常會討論到精神病態，特別是在談到知名的政治人物與商業領袖的時候。精神病態不像自戀這麼普遍，人數非常少。但是，精神病態還是具有幾種有害的人格特質，會吸引公眾的迷戀、媒體的注意；儘管一般而言，只有1%的人有精神病態的傾向。

　　也許我們對精神病態的癡迷，源自他們不成比例的成功速度。羅伯特・海爾（Robert Hare）教授是犯罪心理學的先驅，著有舉足輕重的著作《穿著西裝的蛇》（*Snakes in Suits*），他的名言便是：「並非所有精神病態都會入獄；有些是坐在董事會的會議室裡。」[20]根據他後續的一份研究報告評估，管理職人員的精神病態，是一般大眾的3倍。[21]另一家以美國企業為樣本的報告顯示，最近的數字更高了，大約達到20％（每5人有1人）。[22]數字差距這麼大，反映出大家衡量精神病態的方法不一致，但是病態的程度確實隨著職涯的成功而提高。

所以，有哪些跡象會顯示出一個人的精神病態？第一個顯著特徵是欠缺倫理上的約束力，極端的展現方式是強烈的反社會傾向，還有破壞規則的強烈欲望，甚至只是為了破壞規則而破壞。而且，當精神病態者真的破壞了規則，也不會為了重蹈覆轍而感到內疚或自責。

有精神病態傾向的人，也容易選擇做出魯莽的行為。例如，精神病態者比較可能酗酒、抽菸、吸毒、有複雜的性關係與婚外情。[23]不過，我要澄清，不是所有喜歡追求刺激的人都是精神病態，*但是絕大部分的精

---

*「喜歡追求刺激的人」原文adrenaline junkie，指的是腎上腺素成癮者，也就是喜歡感受腎上腺素大量分泌所產生刺激快感的人。

神病態都喜歡追求刺激。他們對危險的憂患意識比較薄弱，因此會將自己與他人置於風險之中。

　　界定精神病態的第三個特徵是他們缺乏同理心，不在乎別人怎麼想、有什麼感受，即使他們能理解這些感受也不在乎。[24]結果，精神病態最出名的就是他們的冷酷性格。沒有同理心可能是他們缺乏道德約束力的主因；顯然，當你對人們毫不在乎，要表現出對社會有利的行為就困難多了。

　　然而，精神病態比起其他黑暗特質對社會更有吸引力，所以能夠成為極為誘人且重要的職涯武器，特別是這項特質還伴隨著智力與姣好外貌的時候。不是說每個精神病態者都更有魅力或更聰明，而是當他們具有這些吸引人的特質時，肯定更有殺傷力。

　　有些證據顯示，精神病態與語言能力之間有正向的關連性，這解釋了為什麼精神病態者經常滔滔雄辯，深具說服力。[25]其他與精神病態相關的正向特質當中，還包括處於壓力之下優越的韌性，所以他們面對壓力時能保持冷靜、能從挫折中復元，以及能夠善用策略表現出侵略性的傾向。以詹姆斯・龐德（James Bond）為例，儘管很少有人會把他形容成精神病態，他卻展現出許多教科書上記載的特質。他代表英國政府，成為一個無情的殺手，以及跟敵方的妻子上床（這不代表任何單位，只代表他自己），藉此顯露他的侵略性及缺乏同理心。

許多受到廣泛讚賞的人格特質，例如勇敢與冒險，往往與精神病態的傾向共同存在。例如，在之前席捲泰國的大海嘯中，有一位澳洲商人因為獨自拯救20條人命，馬上成為媒體英雄，但是這條新聞隨即被他犯下毆打與搶劫罪名，早已被澳洲警方通緝多年的新聞掩蓋。[26] 同樣的，一位英國消防員在2005年倫敦恐怖攻擊中展現出英勇的行為，因此獲頒榮譽勳章。當時，他冒著生命危險，從遭受炸彈攻擊的公車中救出多名乘客，如今卻因為捲入涉及1億3,500萬美元的古柯鹼販毒集團，被判服刑14年。[27]

有精神病態的人更危險的特質是，他們傾向於流露領袖魅力與風采，這除了顯示出他們有高超的自我推銷與欺騙技巧外，也解釋他們如何汲汲營營的成為浮上

檯面的領導人。的確，領袖魅力可以解釋精神病態領導
人如此受到矚目的主因。不是所有具有領袖魅力的人都
是精神病態，但大部分的精神病態者，都展現出領袖魅
力；領袖魅力的定義是讓人感受到有魅力、有好感、有
吸引力的傾向（下一章會更進一步探討領袖魅力）。

　　儘管精神病態不是男性專屬，但在男性身上還是比
在女性身上常見。[28]探討精神病態性別差異的現存研究
不多，但是現有的證據顯示，有精神病態的男性人數是
女性的3倍，這樣的差異在青春期就很明顯。[29]這種模式
也與男性更容易做出反社會行為的狀況完全一致。[30]我
們在世界各地都能發現到，監獄裡的男性多於女性，男
性涉及暴力、騷擾、網路霸凌與其他霸凌、蓄意侵犯，
以及不顧後果的做出傷害自己與他人的行為（例如致命
的車禍）的人數，也遠高於女性。所有這些兩性差異，
照理說應該自然導向偏好女性領導人的結果，但是我們
卻抗拒不了會帶來反效果的精神病態的魅力。

當精神病態者成為領導人

　　亞歷山大‧尼斯（Alexander Nix）是劍橋分析公司（Cambridge Analytica）創辦人暨前任執行長，劍橋分析公司是一家政治顧問公司，在決定上一次美國總統大選與英國脫歐公投結果中扮演重要角色。尼斯在聲名鵲起（這為他賺得「先鋒」、「獨行特立」與「數位行銷界搖滾巨星」等聲譽）後，被一名臥底記者拍到，他在擔任執行長時，以設圈套、賄賂和利用性工作者等手段做生意。很自然的，大眾與媒體感到震撼，於是尼斯被解除執行長職務。不過，像他這樣擁有不顧後果、冒險、貪婪與道德感薄弱等特質，在非法收割7,000萬筆臉書個資，意圖以假新聞破壞大選結果時，就很好用。這家公司在2018年5月申請破產，但是在此之前，尼斯早就依金色降落傘條款（golden parachute）非法提領走800萬美元。[31] *

---

*　指聘雇合約中，企業對高階管理人員給予補償金的規定，讓公司高階主管無論是主動還是被迫去職，都能得到巨額安置補償費用。

　　一旦精神病態者掌控全局會發生什麼事？他們將如何領導，以及他們對追隨者、部屬與組織會產生什麼影響？儘管精神病態的人可能會因為領袖魅力而被拔擢為領導人，不過一旦他們登上領袖職位，就比較不可能鼓舞部屬，或是在其他方面影響部屬。反之，這些領導人會被動的行使職責，甚至無法履行基本的管理任務，像是評估績效、給予正確的回饋意見、獎勵員工，以及支持團隊負起責任達成目標。[32]簡而言之，精神病態能為有效領導提供的優勢不多；大部分的精神病態者都無法做好領導人。

　　精神病態者有整體工作績效不佳的傾向，主因是他們不努力、鄙視截止期限與流程，以及沒有承擔責任的心態。[33]這些會製造問題的工作行為，可以說明為什麼無論是主管還是直屬部屬，對精神病態領導人的評價都更加負面。即使他們被認為是值得信賴的人，還是有許多警示徵兆可以預測他們的領導表現比較差。這些徵兆包括沒有建立與激勵團隊成員的能力、不願意接受責難與責任、無法完成任務，以及難以預料的衝動行事。[34]

　　還有其他有力證據顯示，精神病態領導人的領導風格較少善體人意，更多的是自由放任，而這兩種風格普遍來說都是無效的領導。由精神病態者帶領的團隊，敬業程度會大幅降低，隨之而來的則是讓團隊更加疲於奔命與績效不佳。[35]

　　精神病態領導人製造的問題當中，有許多問題跟自戀者在組織中會製造的問題相同。例如，選出精神病態者擔當領導角色有一個大問題，跟他們更常見的反社會與帶來反效果的工作行為有關，例如偷竊、上網閒逛、經常無故曠職與霸凌。近期一份整合分析顯示，精神病態者更有可能從事這些會傷害同儕、團隊與組織的行為。[36]那麼，很顯然的，精神病態領導人的膚淺領袖魅力很容易變質，迅速就會從起初的迷人魅力，變成最後令人倒胃口、不值得信任的作風。

　　有意思的是，在資歷比較高的職位上，精神病態與有問題的工作行為之間的關連性會逐漸減弱。這項觀察或許暗示，最能夠約束精神病態領導人的破壞傾向的狀況是，當他們身居高位的時候；這些掌權者如果不是比較容易從不良行為的懲罰脫身，就是比較不會被逮到。

　　研究也指出，精神病態領導人的反社會行為與造成反效果行為的程度，或許有部分取決於他們對組織的認同程度。當精神病態領導人覺得自己和公司休戚與共，他們會表現得好一點，反之亦然。此外，某些文化會誘發的行為，比其他文化更有問題，而且不光是精神病態而已。有趣的是，有問題的文化可能是精神病態領導人的「傑作」，因為領導人傾向依照自己的形象創造文化。從這個角度來看，精神病態會創造出永無止境的循環。當精神病態者主宰一切，他們會創造有問題的文化，培育出更多精神病態領導人，這些人會像細菌與寄生蟲一般，在受到汙染或毒害的環境中生生不息。

　　在柱石需求顧問公司（Cornerstone OnDemand）的麥可・豪斯曼（Michael Housman）與西北大學凱洛管理學院的迪倫・麥諾（Dylan Minor）的近期研究中，對照從組織中開除有問題的工作者，以及增添高績效員工，各自會獲得多少經濟利益。[37]他們挖掘到的資料量令人欽佩，共計超過5萬名員工、涵蓋11家企業，能代表不同類型的組織與產業。豪斯曼與麥諾還檢視大量的不良行為（例如嚴重違反公司規定、性騷擾、職場暴力與詐欺）。

他們的分析揭露，開除有問題工作者的平均利益大約是增加一名好員工的4倍。值得注意的是，即使公司能招攬到一名超級明星員工（工作績效表現為最優良的1％員工），除掉一名有問題的工作者，還是能獲得2倍的財務利益。而且這些利益還沒算上任何原本可能出現的連帶損失，例如涉及訴訟、監理機關開罰，以及士氣下降等。如果不良行為的漣漪效應（ripple effect）對員工來說如此強烈，那麼我們可以想見，要是不良行為來自領導人，會影響組織裡更多的人。

事先偵測出精神病態特質

「他絕對不是這屋子裡最有魅力的人，」作者黛安娜・亨利克（Diana Henriques）告訴全國公共廣播電台網

（NPR）的採訪者泰瑞‧葛洛斯（Terry Gross）：「但他會讓你覺得，你是這裡最有魅力的人。他的性格神奇之處在於，他有多麼輕易就能取得信任，差不多是你有多想相信他，就會有多信任他。」[38]

　　亨利克向葛洛斯描述的人，正是伯納‧馬多夫（Bernie Madoff），也是她在《謊言教父馬多夫》（*The Wizard of Lies*）中探討的對象。馬多夫曾是華爾街最受景仰的投資人之一，許多專家把他視為能與華倫‧巴菲特（Warren Buffett）匹敵的金融怪傑。在經歷平淡無奇的成長過程、乏善可陳的教育背景後，1960年，馬多夫以5,000美元起家，成立一分錢股票交易的事業，起初他是靠著岳父的人脈與資金壯大事業。為了與大型投資公司競爭，他率先運用以電腦為基礎的資訊傳播方式，這是一項後來為納斯達克（NASDAQ）奠定基礎的創新技術，他後來也成為納斯達克的非執行董事。

　　後來的故事大家都知道了。馬多夫創造出史上最大的龐氏騙局與最大的金融詐欺案，騙走4,800名客戶的650億美元。2009年，他承認11項聯邦重罪，包括證券詐欺、洗錢與竊盜罪，被判處 150 年徒刑。儘管馬多夫的犯罪規模前所未見，但是對於一個卓越的企業領導人來說，更罕見的爭議是，他在監獄服刑時，亨利克還前去採訪他。像馬多夫這樣的人，往往「大到不能倒」。

精神病態曾經一度被形容成「精神正常的面具」，所以這項特質難以被外行人偵測出來，這樣的結果也不奇怪。[39]因此，當你只根據你與應徵者的短暫互動做出聘雇決策時，要特別注意可能產生的潛在風險。事實上，有鑑於精神病態者騙人的本性、無畏的態度、短暫營造出來的好感度，以及對形象管理的嫻熟，你可以想見，他們在工作面試時表現會相當好。[40]不過，就像你不會只約會過一次就想跟某個人結婚，你也不應該光看一個人的面試表現（實際上是表演），就決定選擇某個人擔任領導角色。

精神病態很難偵測出來，但是你可以評估領導人的精神病態，同時預測他對部屬的影響。怎麼做？你可以要求領導人的部屬根據精神病態的關鍵指標為主管評分。例如，在一份研究中，研究人員要求員工為主管的許多人格面向進行評分，例如「可以拿任何人開玩笑」、「喜歡搞破壞」，以及「不真誠」等。[41]

　　科學家已經開發出精神病態的簡要衡量方式，例如簡式黑暗人格判定法（Short Dark Triad）。[42]只需要15項自我報告的陳述，就能理解一個人精神病態的程度。以下是部分陳述：

　　我是追求刺激的人。

　　我喜歡向權威報復。

　　我從不覺得歉疚。

　　粗暴對待我的人，一定會後悔。

　　當然，受試者肯定能捏造答案，把自己描繪得沒有那麼精神病態，呈現出人格中比較有利於社會與循規蹈矩的那一面。不過這樣虛假的陳述案例實在不足，並沒有減損這項測試的效力。倒不如說，精神病態者傾向於驕傲的如實作答，或起碼會擺出挑釁的態度，因而無法隱藏個人的看法，這可能是因為他們對自己的人格鮮少感到罪惡感，或是不太在意別人對他們的觀感。

　　無論如何，許多研究也清楚揭示出幾種精神病態的被動衡量指標，例如人們的社群媒體活動與數位足跡。利用這些衡量指標，我們可以不必單憑自我報告來推斷人們的精神病態傾向。舉例來說，有一份研究發現，根據人們在社交媒體上發布的自拍照數量，可以顯示他們的精神病態程度。[43]精神病態也能以語言偵測，因為精神病態的人，無論說話或寫作，作風都比較居高臨下、氣勢凌人，並且表現出更多侵略性與易怒的傾向。[44]例如，偏好發誓或掛保證，是精神病態程度較高的一致指標。另一個與精神病態相關的語言特質是偏好談論權力、金錢、性愛與肉體的需求，而精神病態程度較低的人，談論較多的是家庭、朋友與精神生活。[45]簡單來說，我們有大量本能直覺的訊號可以偵測人們的精神病態傾向。拿佛洛伊德的話來說，有時雪茄就只是雪茄。*

———————————

* 相傳有學生說他愛抽雪茄的行為可能是幼年口腔期時口腔活動遭到限制，因而產生的依賴與滯留現像，佛洛伊德這樣回答，意指不必想太多。

第 **4** 章

領袖魅力的迷思

　　每天早上在6：00至6：30之間，她都在自己樸素的公寓裡醒來。查看新聞後，大約8：00準備她跟丈夫的早餐。9：00時，她前往辦公室與團隊開會，討論當天的重要議程。會議在9：30開始，她擔任會議主席，要求成員結構多元的團隊以平靜的態度、依據事實進行討論。接下來，她出席午餐會報，然後是更多會議，與會者是內部與外部的利益關係人。她下午大部分時間都用來準備接下來的會面，埋首於一些議案。她到家的時間大約是晚上10：00，就寢時已經午夜。[1]

　　為了領導世界第4大經濟體，安格拉‧梅克爾（Angela Merkel）過著平凡的生活。而且不像世界上大部分的政治領袖，她幾乎過著與刺激或爭議絕緣的生活，更沒有醜聞。儘管梅克爾在2017年已經連續第4度當選德國總理，被譽為近期最有能力的國家元首與歐盟的實質領袖，然而跟梅克爾有關的電影，大概沒有一齣拍得出來。

　　和梅克爾一樣，世界上大部分有效的商業領袖，都不是因為領袖魅力（charisma）而聞名。但是麻煩的

是，我們很難注意到或是記住那些領導人，正因為他們
與領導魅力如此互不相關。我們更容易注意與記住那些
聲量超大的領導人，而他們精通的是，哎呀，吸引別人
注意他們！吉姆・柯林斯（Jim Collins）是舉足輕重的管
理顧問，他提供確鑿的證據支持這項主張。他仔細檢查
過去幾年來，在所屬產業與市場大幅超前競爭對手的企
業，以及他們的執行長的各種特質。他的分析顯示，最
有實質領導力的執行長沒什麼領袖魅力，但是都堅毅而
謙遜。他們不擅長自我推銷，而是著重培養團隊中的人
才。他們並不渴望將來能轉職成為單口相聲喜劇演員，
或是電視的實境秀明星，這些領導有方的執行長致力於
讓其他人發光發熱，讓大家一起成為一支高績效團隊。
在我們的集體記憶中與網路上，儘管這種低調領導人的
代表人物少之又少，（你可以搜尋「謙遜的領導人」，看
你認得其中幾個人），但是顯然有許多活生生的例子值
得我們銘記在心。

　　讓我們細想幾位能恰如其分的表現出柯林斯描繪
的那種沉著、謙遜領導人特質的高階主管，這些人你大

部分都沒聽說過。就像梅克爾一樣，這些領導人無論何時，都不太可能成為好萊塢電影的主題。

阿曼西歐‧奧特爾加（Amancio Ortega）是Zara時尚帝國的創辦人暨董事長，同時也是歐洲首富，他很少公開談話或接受頒獎。在一篇罕見的文章裡，《經濟學人》（Economist）提到：「公司上市前他的照片非常少，少到連來訪的投資人分不出他是老闆還是員工而尷尬。」[2]

根據報導，IKEA創辦人英格瓦‧坎普拉（Ingvar Kamprad）在2018年過世前的身價為250億美元，卻住在平凡的房子裡，開的是1993年的富豪汽車（Volvo），衣服是在跳蚤市場購買，旅行從未搭過頭等艙。[3]

瑪麗‧巴拉（Mary Barra）是通用汽車（General Motors）執行長，她從18歲起就進入這家公司。儘管身為世界上最有權勢的女性高階主管，以及所有汽車公司中第一位女性執行長，但她總是以追求共識來推動決策，而且是以團隊為中心，她的個性曾被形容為「平凡」與「文靜」。[4]根據《富比士》的喬安‧穆勒（Joann Muller）報導，華爾街讚揚巴拉任職3年達到的成就，比大部分執行長30年完成的還要多；在她的領導下，通用汽車連續3年的獲利都創新記錄。[5]

　　周群飛（Zhou Qunfei）是藍斯科技（Lens Technology）的創辦人，藍斯科技是智慧型手機的螢幕製造商，如果你用蘋果或三星的手機，搞不好你的手機螢幕就是由他們製造。而她是全世界白手起家的女性當中最有錢的人，也是中國女首富。周群飛在中國貧窮農村的家庭長大，16歲輟學後開始在一家工廠工作，存到足夠的本錢後開始創立自己的事業。儘管她的成就非凡，但她也是出了名的不願意在媒體曝光，並且把她的成功歸功於辛勤工作，以及對於學習勤奮不懈。和領袖魅力相比，這是甚少被提及、卻更加關鍵的特質。

　　謙遜領導力的效果，會由上而下感染組織裡的人，將領導人變成真正的角色典範。這些成效已經在楊百翰大學萬豪管理學院（Marriott School of Business at Brigham Young University）的布列德・歐文斯（Brad Owens），與科羅拉多大學利茲商學院（Leeds School of Business）的大衛・賀克曼（David Hekman）的近期研究當中得到證實。當領導人展現謙遜的行為，員工會有樣學樣，並表現得更加謙遜，承認錯誤，將功勞歸功給別人，也更能接納別人的想法與回饋意見。這項研究運用來自161支團隊的607名成員身上蒐集而來的數據（實驗室內的數據跟實際職場環境的數據都有），研究人員證實謙遜領導力的社會感染效果，能強化追隨者無私與合作的行為，進而提升團隊的績效表現。[6]

領袖魅力的吸引力

瑪格麗塔‧梅佑（Margarita Mayo）是西班牙馬德里IESE商學院（IESE Business School）的研究人員，她說明謙遜與領袖魅力之間的矛盾：「研究結果很清楚：當我們選擇謙遜、不裝腔作勢的人擔任領導人時，我們周遭的世界會變得更美好……但是，我們沒有選擇這些未被頌揚的英雄來帶領我們，反而似乎到處搜尋超級英雄，也就是散發出領袖魅力而被過度美化的領導人。」[7]

這種對於領袖魅力的偏好，特別適用在危機出現時。梅佑的研究顯示，當追隨者感到焦慮時，他們非但更有可能選出具備領袖魅力的領導人，也更容易在自己選出的領導人身上感受到領袖魅力。

　　梅佑的觀察指出領袖魅力的一項重要面向：它存在於旁觀者的眼中。因此，領袖魅力不像自戀或精神病態，是以已知的生物學基礎人格特質為根基；領袖魅力只是追隨者對領導人的推論結果。事實上，除非透過他人的看法，否則無法衡量領袖魅力。當然，有些人會告訴你他們具有領袖魅力（而且他們很信這一套），然而他們的看法不代表他們實質的領袖魅力。

　　儘管領袖魅力對領導的有效性來說無足輕重，但是你隨便問路人：「領導人應該具備什麼特質？」他必然會將領袖魅力列為重要特質。這兩者的連結如此緊密，以至於人們很難想到不具領袖魅力的知名領導人。

　　亞利桑那州立大學雷鳥全球管理學院（Thunderbird School of Global Management）的曼索・賈維丹（Mansour Javidan）帶領的團隊，考察62個國家對領導天賦看法的跨文化差異。團隊將這些國家分成10個文化群：盎格魯（Anglo）、儒教亞洲、東歐、日耳曼歐洲、拉丁美洲、拉丁歐洲、中東、北歐、南亞，以及撒哈拉以南的非洲。儘管大部分領導特質的意義（例如對地位的追求、風險的承擔與好勝心）對每一種文化都不盡相同，領袖魅力卻普遍被視為領導天賦的關鍵要素。[8]

此外，我們只需要幾秒時間，就能「確定」某人具有領袖魅力。最近有許多研究都破解了領袖魅力的印象背後的形成原因，為什麼我們會認為某個人具有領袖魅力，以及這些看法（或特質）代表什麼意義。

例如，康斯坦丁・蔡（Konstantin Tskhay）和多倫多大學的同事，最近開始考察起這些議題。他們給1,307名參與者觀看短片，參與者不知道短片裡的演員是不同人。演員被要求隨機朗讀5分鐘的政治演說，朗讀得愈有說服力愈好。然後實驗人員移除聲音、在實驗控制下剪短影片長度，並且檢查演員的特質，例如他們的吸引力、眼神接觸，以及是否戴眼鏡等，確認這些特徵會不會影響參與者對他們的領袖魅力的看法。

蔡的團隊發現，參與者只花5秒鐘，就決定某個人是否具有領袖魅力，就算經過更長時間的接觸，也沒有改變這些人對演員最初的印象。演員製造愈多的眼神接觸，以及白種人演員，愈容易被認定具有領袖魅力。9

無論領袖魅力對人們來說有什麼意義，不管人們在極短時間內對某個人是否有領袖魅力的判斷有多正確，領袖魅力都會自我應驗。因為當你認為某個人擁有領袖魅力，就會產生實質的後果，特別是如果這個人是領導人的時候，自我應驗的效果將更加明顯。從這層意義來看，領袖魅力有時候等同於一見鐘情：它具有催眠與激勵的作用，而且不需要解釋。因此，我們很難給領袖魅力下定義，當我們試著理解它，我們最有可能做的事是，最終把它合理化，或是為我們的感覺辯護，而不是客觀的解釋領導人的能力。

人們會慷慨激昂的捍衛他們認定具有領袖魅力的領導人特質，就像他們會盲目的捍衛他們愛上的人一樣；而且，他們不在乎是否有事實或客觀證據支持他們的意見。不幸的是，同樣的偏好也會發生在人們認定某個人具有領袖魅力的時候，或是某位很有可能出線的領導人走馬上任，而人們之後得評估他的領導表現的時候。

確實，領袖魅力會使人們盲目，因此無法評估領導人的實質績效，不只是無法評估領導潛能而已。當我們認為某位領導人具有領袖魅力，比起客觀評估，我們會選擇不去判斷他們的表現；然而，當我們愈看不見領袖魅力，我們對領導人就愈吹毛求疵。舉一個最近的例子：你在希拉蕊・柯林頓（Hillary Clinton）或唐納・川普身上發現愈多領袖魅力，就愈能預測你如何評估他們的表現，而且你的評估會比這兩位政治人物的實際表現更好。為什麼會這樣？我們對於理解現實的渴望，並沒有比我們給自己高評價的欲望更強烈。於是，如果一旦承認我們認為具備領袖魅力的領導人表現很差，就是承認自己很不會看人。[10]因此，有領袖魅力的領導人通常會得到主管與部屬比較高的評價，他們也比沒有領袖魅力的領導人更容易獲得晉升。此外，與有領袖魅力的領導人共事的團隊，對工作滿意的程度往往也比較高，進而績效也會更高。這是因為，如果你欣賞並仰慕你效力的人，即使你的想法只是幻想，你肯定會更加受到鼓舞、更努力工作，期待給對方留下深刻的好印象。[11]而且，有領袖魅力的人會藉由向下管理（而非向上管理）來回應這種關係，因此他們傾向專注於取悅部屬，而非奉承主管。[12]

女性與領袖魅力的困境

　　當你用Google的圖片搜尋功能尋找「知名領導人」（famous leaders），幾乎只會出現具備領袖魅力的領導人，例如歐巴馬、甘地、馬丁・路德・金恩、理查・布蘭森，還有史蒂夫・賈伯斯等人。這種快速便捷的方式所產生的領導力共同原型，也凸顯出領袖魅力是一種性別特徵：首頁出現的女性只有柴契爾夫人（Margaret Thatcher）與德蕾莎修女（Mother Teresa）。

　　儘管針對性別與領袖魅力的學術研究數量相當貧乏，但是女性有一項重大劣勢是，每當說到領袖魅力，人們往往認為是成功的領導力造就領袖魅力，而不是領袖魅力造就成功的領導力。因此，我們更有可能把領導人的成功歸功於領袖魅力，而不是認為他們的領袖魅力來自領導技能。很自然的，當女性一開始就不被當作領導職務的候選人時，她們更難展現出領導潛能，於是自我應驗的預言（self-fulfilling prophecy）緊接而來。*

例如，研究顯示，當領導人占據組織的人際網路裡更核心的職位（意思是他們有更多的人脈或關係），就更有可能被視為具有領袖魅力。如果他們在公司內部努力經營更多人脈，又會因為具備領袖魅力而獲得美名。[13]

不幸的是，由於女性在領導階層中的代表人數不成比例，她們在組織的人際網絡中占據核心職位的人數愈來愈少。因此，到最後她們往往被當成為了性別多元方案充場面的象徵。同樣的，領導力專家羅伯・凱瑟（Rob Kaiser）與汪妲・華勒斯（Wanda Wallace）建議，由於

---

* 指人們先入為主的判斷，無論正確與否，都將或多或少的影響到人們的行為，以至於這個判斷最後真的實現。

女性占據策略領導職位的可能性比較低，她們的策略領導能力評分也會比較低。[14] *反之，女性多半在營運層面的領導技能上評價比較高，這類技能雖然對管理者更重要，但是對領袖魅力來說則沒那麼重要。女性面對的問題，顯然是一個「先有雞還是先有蛋」的處境：由於她們鮮少擔任高階領導角色，我們比較不傾向於認為她們具有領袖魅力，然後因為我們不認為她們具有領袖魅力，所以假設她們不是優秀的領導人。

然而，當研究人員運用可靠的工具衡量領袖魅力，移除導致外行人感到困惑或造成模糊理解的因素，並且要求員工在經過長期互動後給予領導人評分時，女性在領袖魅力的評量分數上反而比較高。加州州立大學凱文‧葛洛福斯（Kevin Groves）進行一項研究，仔細檢視員工如何根據領袖魅力的關鍵標誌來評價他們的領導人，而且不單著眼於第一印象，還會看領導人的長期風

---

* 策略領導能力是指領導人能預見組織的未來，從而對組織的發展加以規畫和引導。

評。[15]總計有108位來自不同組織、橫跨許多產業與部門的高階領導人接受325位直屬部屬的評分。葛洛福斯要求員工完成一種經過科學驗證、檢測領袖魅力的衡量方式，能預測正向的組織成果，例如團隊績效、年度總營收、獲利與員工敬業度（employee engagement）。[*]領袖魅力的關鍵指標，包括下列行為：

- 鼓勵員工、願意溝通，並且適當的執行願景。
- 舉止可作為典範，而且說到做到。
- 對組織的文化規範非常敏銳。
- 認可員工的成就，適時給予表揚。
- 有效運用情感交流。
- 精於辨識、栽培員工潛能。
- 此外，領導人已經完成社交與情緒技巧評估。

---

[*] 根據蓋洛普的調查，員工表現與企業最終的市值增加有關，而員工敬業度是在企業為員工創造良好環境、發揮所長的基礎上，員工對企業產生歸屬感與當責態度。

　　這份研究跟先前討論的社會認知研究有兩項重大差異。第一，由於葛洛福斯的研究報告沒有直接提到領袖魅力，有助於盡可能減少與領袖魅力真實意義相關的偏見與混淆。第二，員工們有充裕的數據資料可以回答這些問題。他們和領導人不是只有5秒的相處時間，而是已經為領導人工作好幾個月。可以預見，員工對同一位領導人的評價一致性應該很高，也就是說他們看起來都像是在描述同一個人。結果顯示，員工在上述大部分行為上，對女性主管的評價較高，這樣的差異來自女性在社交與情緒技巧方面（下一章會更深入探討）的能力比較強。

　　在另一份研究中，歐洲工商管理學院（INSEAD）的赫米妮雅・伊巴拉（Herminia Ibarra）與奧蒂莉雅・歐巴達魯（Otilia Obodaru）檢視上千份針對領導人的全面評估（意指來自領導人各階層同事的回饋意見，包括部屬、同事與主管），而且這些領導人都參與過高階主管教育課程。[16]研究人員以為結果會跟先前對性別的刻板印象與偏見一致，發現女性的分數低於男性。但是，他們得到的結果反而相反。根據他們在2009年《哈佛商業評論》一篇文章中的披露：「整體而言，女性在領導力各方面的評價，大部分都比男性優秀。」事實上，在研究人員評估的10種領導技能中，男性只有在「展望未來」一項評分比較高。而且，只有在評估人是男性，特別是男性同儕時，男性才會得到高分，畢竟他們下一次晉升的可能競爭對手就是女性。在其餘9項技能中，不論男性或女性，都對女性領導人的評價比較高，而女性在展望未來上，對女性領導人的評價更高。男性主管與部屬對於男性與女性領導人洞悉未來的眼光的評價，則是大致上相同。

領袖魅力的黑暗面

領袖魅力對領導人來說無疑是有益的工具，能讓他們與他人建立與維持關係，並且說服他人遵守特定的行動方針。畢竟，正如拿破崙的名言：「領導人是希望的發牌員。」

在領袖魅力議題上最卓越的一項研究是布萊恩特大學（Bryant University）的羅納‧德盧加（Ronald Deluga）做的歷史分析，他研究39位美國總統，從喬治‧華盛頓（George Washington）到隆納‧雷根（Ronald Reagan），探討這些總統的領袖魅力和自戀程度，與領導表現重疊的程度有多少。為了評估這些總統的領袖魅力與領導風格，德盧加給不同的獨立評分人觀看隱藏姓名的傳記摘錄，讓這些評分人根據特定的領袖魅力指標，為匿名的總統評分，這些指標包含「熟知美國民眾及輿情」、「善於雄辯」和「充滿精力與決心」等。另外，還有一組評分人負責評估總統的自戀面向，例如自負、掌權心態和優越感。他們要從兩兩一組的說明中，挑選最能代表每一位總統的敘述，例如，評分人要在「他／她認為自己跟其他人沒兩樣」與「他／她認為自己是個不平凡的人」之間二選一。評估總統的表現時，德盧加運用來自眾多歷史學家的專業評分，他們著眼的因素是整體聲望、行動的效力、任職時的活躍程度、戰爭行動與政績。

　　為了說明領袖魅力、自戀與執政成績之間的強烈關連性，德盧加舉出老羅斯福總統（Franklin D. Roosevelt）為例，他在這3項特質拿到很高分：「他超級熱情，充滿自信。他有著極具說服力與充滿生氣的動人嗓音，在危機當頭時，展現出卓越的領導才幹。同樣的，老羅斯福對自己施政的重要性與價值，維持一貫優越與絕對的自信。即使是他的死忠支持者，也普遍抱怨老羅斯福不誠實與虛偽的本質；他從來沒有對任何人開誠布公的談過話。」[17]

　　具有領袖魅力的領導人擅長給人民希望；要販售願景，或是賦予意義時，沒有比領袖魅力更好的工具了。然而，當領導人不適任或是有道德瑕疵時，領袖魅力的力量將會讓追隨者反感，動員他們朝向會帶來反效果或是自我毀滅的目標前進。就像阿姆斯特丹大學（University of Amsterdam）的演化心理學家艾倫・格拉波（Allen Grabo）和同事提到：「領袖魅力的訊號往往會被某些領導人劫持，他們從中受益，而未能讓追隨者受惠……有些人乍看之下丰采迷人或激勵人心，卻沒有能力、也沒有意願提供對等的利益。」[18]

　　如同第3章的說明中提及，精神病態與自戀型領導人往往被認為具有領袖魅力，而且追隨者不願意承認他們有問題。不過，我要澄清，許多具有領袖魅力的人既沒有精神病態、也不自戀；同樣的，許多既精神病態又自戀的人，完全沒有領袖魅力可言。可是，當領袖魅力為黑暗面的特質錦上添花，領導人可能因此變得相當具有殺傷力。我們愈是仰賴領袖魅力來辨識某個人是否具備領導潛能，我們最後跟著有問題的領導人一起完蛋的風險就愈大；這些領導人懂得運用自身的魅力與影響力，掌握權力並操縱追隨者。

　　如果我們能從歷史學到一個重要的領導力教訓，那就是：在敗德、自私的領導人手中，領袖魅力是非常強力的欺騙工具，可以為邪惡的動機謀取追隨者的支持。希特勒（Adolph Hitler）、史達林（Joseph Stalin）、毛澤東和墨索里尼（Benito Mussolini）都很有領袖魅力，而且大部分獨裁者也很有領袖魅力，他們運用魅力成功創造出個人崇拜。但是，這樣的領導人如果少一點領袖魅力，製造的破壞會比較小。同樣的，要是賓拉登（Osama bin Laden）沒那麼有領袖魅力，要說服別人開飛機撞毀雙子星大樓就得大費脣舌；如果吉姆・瓊斯（Jim Jones）沒那麼有領袖魅力，就不會發生瓊斯鎮（Jonestown）慘案這種事了。*在沒有那麼極端的精神病態領導人身上，還是能觀察到這種領袖魅力的黑暗面。例如，領袖魅力協助美國總統在表現差強人意時，依舊維持高支持率。人們將更容忍一個有領袖魅力的差勁總統，而不是一個沒有領袖魅力卻有高績效的總統。[19]

　　即使領導人才德兼備，領袖魅力對領導表現的影響，也比過去認定的機制更加複雜。比利時根特大學（Ghent University）的賈思敏・維爾高烏（Jasmine Vergauwe）帶領的團隊證實這種雜亂的影響。團隊成員分析3份獨立研究的數據資料，其中涉及全球800名商業領導人，以及他們的主管、同僚與部屬大約7,500份的樣

---

* 1978年，位於南美洲蓋亞那（Guyana）的瓊斯鎮有908人集體死亡，大多是自殺。他們都是邪教組織「人民聖殿」（Peoples Temple）創教人吉米・瓊斯的信徒，瓊斯鎮慘案是除了911事件外，美國史上第二嚴重的非自然死亡事件。

本。領導人的資歷範圍，從第一線主管到最高層人士都
有。結果顯示，具有領袖魅力的領導人擅長策略性的任
務，例如規畫與銷售願景，為組織設定方向，以及推動
改革。然而，他們拙於戰術方面的領導，例如效率、執
行與有條理的安排都表現很差。維爾高烏和同事推斷，
「過猶不及」效應（too-much-of-a-good-thing effect）也
能適用於領袖魅力，*如果組織想要一位面面俱到的領導
人，他們會被勸告聘雇領袖魅力溫和適中的人。這樣平
衡的做法能讓領導人具有兼顧策略面與營運面的能力。

　　因此，即使領袖魅力能提供領導人更多影響力，太
過注意領袖魅力也會讓我們忽略其他更重要的領導力訊
號，例如適任能力、正直與自知之明。由於領導力的本
質是抽象的，最後領袖魅力往往成為方便的替代品，尤
其是在缺乏其他明確指標的情況下，這種現象更明顯。
然而，它是個糟糕的替代品，我們卻自願冒險，而忽略

---

*「過猶不及」效應指的是，正向關係在特定情境當中發展到轉折點
　後，會轉為變成負面關係。在這裡的意思是，當要求過多（面面
　俱到）反而會讓人退而求其次。

真正、客觀的領導才幹與績效的指標。

如同我們的預期，研究顯示，領袖魅力這個領導力訊號和吸引力一樣，會隨著追隨者對領導人的了解增加而減弱。例如，如果以問卷調查選出跟自己的價值理念最匹配的政治候選人時，選民對於結果往往會很驚訝（有時甚至會很氣惱）。如果這些選民希望某位候選人與他們的經濟、社會與政治看法一致，最適合的人選往往不是在情感上吸引他們的那一位。反之，當我們單純以領導人在電視上的表現、在推特上提供的訊息作為評判標準時，領袖魅力就會主宰一切，遮蔽一切合理的論點。

有關領袖魅力的非理性力量還有一個例子是，學術研究證實，具備領袖魅力的執行長可能會誇大公司的股價，即使根據客觀指標來說，他們的公司根本表現不佳。[20]佛羅里達大學的亨利・托西（Henry Tosi）和同事，運用經過證實有效的同儕審查測驗，調查59名美國企業經理人認為公司執行長具備多少領袖魅力。他們也檢視這些公司的績效表現，例如財報上的股東價值與報酬率。雖然領袖魅力的評分與公司的表現沒有相關性，但跟企業規模……還有執行長的報酬有正向的關聯性！
然而，儘管在市場情況不明朗的期間，領袖魅力的評分
與股價之間具有正向的關聯性，但是領袖魅力與實際的
企業表現之間還是沒有關連性（同樣不論市場條件）。

第 5 章

女性領導人的優勢

　　到目前為止，我們已經重新探討男性比女性更有可能過度自信、自戀與精神病態的相關研究。即使這樣的差異不大，卻還是真實而且具有意義的差異，特別是在形塑集體的領導偏好上。

　　我們也看到，所有這些人格特質會一方面協助你登上領導職位，卻也在你進入這個角色後危害你的績效表現。我們也探討過領袖魅力狡猾的本質，以及這項特質不是只有部分領導人有（而部分領導人沒有）的天生特徵，領袖魅力是追隨者傾向對領導人的投射，特別是這些領導人是男性的時候。

　　如果自信不是能力，領導魅力猶如海市蜃樓，而自戀與精神病態等特質更有可能損害領導人的表現（尤其對他們的追隨者傷害更大），而不是幫助他們，那麼，我們很自然會想知道：女性是否更適合擔任領導人？

　　有些人就是這麼想。在一場位於達沃斯（Davos）的世界經濟論壇（World Economic Forum）上，阿里巴巴的偶像創辦人馬雲被問到，他認為女性在領導力上有哪些缺點。[1]他說他無法理解，為什麼企業，包括科技公司，沒有雇用更多女性。馬先生提到，在阿里巴巴，49％的基層與37％的高階領導人是女性，這可能是大型高科技企業的最高記錄。馬雲接著詳細說明他的領導力理論：「男性IQ高但是EQ低，而女性在這兩方面保持平衡。」馬雲的評論不是在明褒暗貶女性的IQ，而是在凸顯女性比較感性、男性比較理智這個刻板印象。這種說法也與現在普遍的看法一致，人們認為EQ是有效領導的核心特質。

我們會在本章探討這些具有相互關係的見解。兩性之間有什麼能力差異？以及這會怎麼影響領導力表現中的潛在性別差異？平均而言，女性真的EQ比較高嗎？EQ較高如何令兩種性別的領導人受惠？最後，我們會更近一步審視EQ促成的某些特定領導行為：變革領導力（transformational leadership）、個人效率與自知之明。

男性與女性真的大不同嗎？

在空前暢銷的勵志書《男人來自火星，女人來自金

星》（*Men Are from Mars, Women Are from Venus*） 中，
作者約翰・葛瑞（John Gray）假設男女的差異是如此巨
大，大到他們應該來自不同星球；是的，線索就在書名
中。例如，他寫到，女性太敏感與太在乎，男性不會觸
及內在的情感經驗，而是迷戀競爭。這些性別差異的刻
板印象大致上與本書前幾章列舉的過度自信、自戀與精
神病態的研究一致，但是男女在心理上還是大同小異。
這一點很重要。就算有統計學上的差異顯示兩性之間並
不平等，但來自兩性的不同個體，還是有很多相似的空
間。找個不一樣的例子：女性壽命有比男性壽命更長的
趨勢，但是大部分男女過世的年紀都差不多。同樣的，
男性多半比女性高大，但世界上也有許多女性比大部分
男性還高。

　　2005年，威斯康辛大學麥迪遜分校（University of
Wisconsin–Madison）的多產心理學家珍妮・薛比・海德
（Janet Shelby Hyde）分析46份有關能力的性別差異的整合
分析報告；她是以運用大數據進行性別差異的開創性研究
而聞名。她處理來自上百萬份參與者的數據資料，檢驗能

力與才能的研究中每一個面向。這是個獨立研究激增、導致社會科學出現「再現危機」（replication crisis）的年代，*因為有大量研究，讓人能「精挑細選」他們的發現，並沉浸於選擇性的研究報告。不過，對於取得兩性差異的可靠證據感興趣的人而言，這份評論是必讀資料。[2]

　　海德的主要發現是什麼？裡面有78％的個案，性別差異不是零就是非常小。[3]事實是：這些研究來自認為性別差異是歷史假說的地區，其中包含的數據資料來自數十年前，這讓報告中呈現出來的相似性更加顯著。此外，這些發現也適用於廣泛的心理學變數，包括態度、動機、人格與工作表現。

　　海德的研究重點之一是IQ的性別差異。結果同樣顯示兩性之間的差異可以忽略不計，儘管男性的空間能力測驗明顯優於女性；這項差異主要是男女的睪固酮不同造成的。[4]睪固酮較高的女性在空間相關的IQ測驗中，

---

* 指的是無法或是難以透過科學研究再現的狀況，這會讓研究結果遭到質疑，相關學術論述也將岌岌可危。

表現確實優於睪固酮較低的男性，而且只要對男性或女性注射睪固酮，他們的空間能力與判讀地圖的能力測驗分數就會進步。另一方面，女性的語言能力測驗分數比較高。但是普遍來說，男女之間沒有顯著的IQ差異。

既然如此，就智力而言，男女沒有能力差別。但是，如果比較的是生活上其他領域（例如身體、情緒或社會技巧）呢？

海德的可靠研究發現，在22％的個案中，男女確實不一樣：男性投擲物體比女性更快更遠；男性自慰的頻率有高於女性的傾向（或是至少他們更願意說出來）；男性對約炮也更傾向於正面看待。男性在身體上也更具有侵略性，儘管關係攻擊（relational aggression）的數據資料顯示，*壞心的女孩更加複雜。

但是，除非你進入的是很不尋常的產業，否則公司可能不會要求領導人特別擅長投擲物品、約炮或自慰吧。所以，咱們就把這些話題丟到一邊去，然後詳加檢

---

* 指有目的的操弄人際關係，去傷害他人的社交網絡。

視領導力導向的特質裡，有沒有任何性別差異。

　　例如，女性的領導潛能略高於男性，她們在管理與領導角色上，表現普遍優於男性，就算男性自認為比女性更會帶人。[5]這些領導能力上的差異也跟職業興趣上的性別差異吻合，特別是女性偏好處理人，而男性偏好處理事情。這些相異的偏好是研究報告裡最大的心理性別差異。[6]

　　女性在領導角色上表現一枝獨秀，應該暗示領導力的性別失衡相當反常，領導力一直都跟處理人、而非處理事情有關。但是不合理的是，這一點經常被懷疑多元化的論者拿出來強調，他們想要暗中破壞組織導正女性在領導力上不成比例的努力。例如，被Google開除的工程師詹姆斯‧達莫爾（James Damore），在他強烈反對公司多元化計畫而惡名昭彰的備忘錄裡，他正確的觀察到心理學研究顯示：「平均而言，女性對人比較感興趣，男性對事情比較感興趣。」[7]

　　那麼女性比男性更有愛心、更具備人際與情感技能的刻板印象呢？儘管EQ的性別差異一點都不懸殊，平均

差異很少超過15％，但是女性在這方面確實具有壓倒性
的優勢。

EQ對（女性）工作的幫助

1990年，耶魯大學社會心理學家彼得・沙洛維
（Peter Salovey）與新罕布夏大學心理學教授約翰・梅
耶（John D. Mayer）共同創造出「情緒智商」（emotional
intelligence）一詞。5年後，科學線記者丹尼爾・高曼
（Daniel Goleman）藉由暢銷書將這個概念普及。情緒智
商（或者EQ）涉及理解與管理你與他人情緒的能力；它
是人際技能最佳的單一衡量方法。儘管在頭十年吸引的
學術研究不多，但是EQ迅速成為人力資源與領導能力相
關領域的寵兒。現在有大量的EQ相關研究：相較於1990
年代，從2000年代初期以來，一共發表超過4,300份科學
研究。

在這些研究中，檢驗EQ對績效的影響的研究數量占

比很高。例如，持續有證據顯示，EQ在個人的就業能力中扮演核心要角；就業能力是指獲得與維持一份工作的能力。[8]既然工作（依然）涉及與人互動，加上有鑑於職涯成功與否，主要是由別人的看法來決定，那些擅長跟人打交道因而更加受到獎勵的人，可望在許多工作中表現良好，尤其是人際交流能力很強的人，例如業務、公關、客服、管理者與領導人。

　　EQ與員工幸福感（employee well-being）帶來的各種成果，*一直都有正面的連結。例如，EQ較高的人比較敬業。[9]有鑑於員工普遍不敬業，員工壓力與過勞（一種極端不敬業的情形）的問題愈來愈大，勞動力要全心投入工作絕非易事。如果組織想要提振員工敬業度，或許最好的方法就是雇用EQ高的人。這樣的招聘策略未必會轉化成較高的績效，但能夠代表一個更加滿足或有耐心的勞動力。

　　EQ也能有效預測人們對壓力的韌性與包容度。事實

---

*　指員工對工作經歷和職能的整體評價。

上，較高的EQ可以矯正人性黑暗面與前面形容的有問題行為。EQ代表自戀與精神病態的反面，而擁有較高EQ的人，在工作中過度自信、容易激動、喜怒無常與急躁的可能性也會比較低。人們性格當中這些比較鎮定的面向，在管理上特別有幫助。當你連自己都管不了，要怎麼管理別人呢？EQ能幫忙解決這兩個問題。

　　一般認為，IQ與EQ不會相伴而生，IQ高的人社交笨拙，而EQ高的人不可能非常機伶。沒有什麼科學證據能支持這個想法，因為IQ與EQ並沒有負相關性。當然，部分在學術上出眾的人（尤其是IQ高的人）肯定會有點怪咖，或是至少比一般人古怪。劍橋大學的西蒙・拜倫—柯恩（Simon Baron-Cohen）相當具有說服力的顯示出IQ超高的人多半有人際缺陷。[10]但是，或許我們記得那些高IQ低EQ的個案，恰好是因為他們引人注目；他們是證實這項規則的特例。

　　正如我們的預期，EQ較高的人，在領導上普遍也比較有成效。研究發現，EQ與組織公民行為（Organizational Citizenship Behavior，簡稱OCB）之間有正向關係，*因此領導人表現得宜、參與有利社會的行為、並且抑制有害活動的機率，將隨著他們的EQ增加而提高。EQ並不能完全預測人品，但是當組織依照EQ高低來雇用領導人時，最終將獲得更誠實、更有品德的領導人。

　　儘管EQ的性別差異很小，但是總體而言，女性的EQ有高於男性的傾向。幾乎在所有的EQ測驗中，都能確實發現這種效應。事實上，近期一份EQ性別差異整合分析便推論出，要是根據EQ來甄選員工，男性將受到嚴重傷害。但是，我們很難將那些著重在EQ上的做法視為逆向歧視（reverse discrimination）。†畢竟，當其他條件相同時，無論是男是女，EQ比較高的人都值得被拔擢。11

---

* 根據美國印第安那大學教授丹尼斯・奧根（Dennis Organ）的說法，組織公民行為是指組織中的個人，排除個人內在動機或是為了獲得讚賞的目的，以及排除組織契約關係，而表現出超越角色標準的行為。簡單來說，組織公民行為是不求組織給予獎賞，仍然自動自發為組織奉獻出超越角色規範之外的行為。

† 在保障特定群體獲得公平待遇後，之前擁有固有優勢的群體因而蒙受新的歧視或不公平待遇。

此外，我們也已經發現，有三種重要的領導能力會
因為高EQ而提升，而且也比較容易在女性身上找到：變
革領導力、個人效率與自知之明。現在我們將深入一一
檢視這三種能力。

變革領導力

EQ比較高的人無論男女，以及大部分的女性領導
人，都展現出比較多的變革型領導作風。領導人以這種
作風，聚焦於改變追隨者的態度與信念，與追隨者有更
深的情感交流，而非單方面告訴追隨者該做什麼，不妨
想想歐巴馬與歐普拉（Oprah Winfrey）的例子。比他人
更能夠辨識與管理情緒的領導人，也更能激勵他人，而
且變革領導力中大部分的變數，都來自EQ水準的提升。

變革領導人擅長將願景轉化成改革的可行方案，他
們是部屬與追隨者強大的角色典範。此外，EQ較高的
人，不論是不是領導人，在領導力的交易型要素上（例
如分配任務、監測與管理員工績效，以及設定獎勵與誘

因）也更勝一籌。

　　另一方面，EQ比較低的人（無論男女），以及大部
分的男性領導人，則更有可能採取放任主義的做法。這
種領導作風的特色是，領導人有跟沒有一樣，會削弱團
隊的士氣與表現，讓員工不知何去何從，或是無法產生
使命感。總之，與正向的領導作風相關的是高EQ的領導
人與女性領導人，而與負面的領導作風相關的，則是低
EQ的領導人和男性領導人。

　　近期一項研究證實，由於性別的EQ差異，性別會影
響領導的結果與成效。主因是女性擁有較高的EQ，由女
性帶領的團隊，會比男性帶領的團隊更投入工作，績效
也更優異。[13]或許更讓人意外的是，就連據稱與男性相
關的領導作風，例如開創性或破壞性的做法，在高EQ的
領導人身上出現的機率也比較高。

　　當然，這些女性表現比較優異的所有指標，有一部
分可能是我們普遍對女性的選才標準比男性還要嚴苛所
造成。如果女性真的必須面對更嚴苛的選才標準，那麼
以同樣的選才標準套用在男性領導人身上，就沒有什麼

好爭執的了。

個人效率

儘管EQ最初被視為一種智力的形式，但是有強力的
證據顯示它主要代表個人效率（personal effectiveness），
或者是在情緒與社交上，都能成功應對日常人際關係疑
難雜症的能力。顯然，個人效率要求最低程度的自制力
與應變能力，這恰恰是EQ的關鍵要素。此外，EQ與同
理心（empathy）有強烈的相關性，這是一種獲知他人感
受與想法的能力。如果你要在生活中的任何面向發揮作
用，你就必須能夠影響他人；而同理心能幫助你辦到。

女性領導人比男性領導人更有同理心。不管評估的
是同理心的哪一種面向，大部分女性從年輕開始就比男
性更有同理心；兩性之間的同理心差異，比其他大部分
人格特質的兩性差異都還要大。[14]有同理心的領導人，
比較能從他人的角度來看待問題，因此比較不會自我中
心，在解決問題時也更有彈性。

你可以把人生想成一場實境的IQ測驗，你所面對的疑難雜症沒有明確的定義，也沒有客觀、正確的答案。例如，你該告訴主管你想加薪嗎？該如何激勵一個看起來狀況有點差的員工？以及在一場提案中，讓聽眾投入的最佳方法是什麼？

對於以上問題和其他人生的真實挑戰，我們都想要找出合理與看似客觀的答案，然而儘管有成千上萬的勵志書與YouTube影片自稱知道答案，我們還是無法預先知道該如何正確回應所有人生難題。而且，就算我們判斷某些行動會帶來什麼結果，我們也無法掛保證，要是做出其他決定會產生什麼結果。

這些限制，會使人格成為預測個人在不同情境之下，能否更有效的控制自己的最佳來源。因此，就算我們不知道這些問題最好的答案，但是有些人似乎比其他人更常找到答案，而他們最普遍的共通點，就是EQ比較高。

例如，高EQ的領導人身上通常都可以看見復原力高的特質，這樣的韌性能幫助他們經歷高壓的環境、在逆

境中重整旗鼓。就像雪柔‧桑德伯格（Sheryl Sandberg）
在《擁抱B選項》〔*Option B*，共同作者為亞當‧格蘭特
（Adam Grant）〕中透露，身為臉書營運長的她剛剛走出
喪夫之痛，她的丈夫在假期中因心臟病突發而驟逝。[15]
當我們面對這樣的悲劇與毀滅性事件時，最該做什麼？
人生不像IQ測驗，沒有預設的正確答案。就算有，某個
人在人生的挑戰裡苦苦掙扎時，實際做到這些正確答案
的可能性又有多高？

　　與IQ正好相反，能不能從艱難的時刻走出來，關係
到EQ問題。難是難在驚慌與動盪的情況下，保持鎮定、
找到辦法維持個人效率。就連對桑德伯格來說，答案都
還不清不楚。但是她的復原力與高EQ能讓她保持鎮定，
嘗試各種選項，直到她找到一個行得通的答案為止。最
後，她分享個人經歷與感受，最初是在部落格上分享，
後來寫成一本書。[16]我的意思不是有類似情況的人都應
該照著做，而是說，任何領導人如果具有高EQ，找到
行得通的解決方案的機率會比較高。同理，我們會期待
桑德伯格在未來面對逆境也能重整旗鼓，一如她的綽號

「鐵氟龍領導人」。

個人效率包括復原力在內，有一大區塊與自制力有關。而數十年的心理學研究顯示，從很年輕開始，女性所展現的自制力就高於男性，特別是因為女孩與婦女擁有能夠做自己的自由比男性少很多。[17] 在領導人當中，自制力是濫用權力與其他有害行為的解藥。事實上，大部分反社會的行為，在一定程度上都能夠說明人們無法抑制自己的短期衝動（立即滿足）。自制力則有利於減少問題，也更有利於長期目標。

關於自制力的好處，有個有趣的歷史教訓，想想2008年的全球金融危機，是什麼導致大型金融機構的崩潰、上百萬人失去工作與家園，還導致史上最大金額的政府紓困。這些影響在冰島尤其值得注意，這個寡民小國在金融危機降臨前的10年間經濟高速成長，金融體系的產值也從GDP的100％暴增到900％。有兩位女銀行家被男同事的冒險精神嚇壞了，因此決定開辦奧杜資本公司（Audur Capital）；這是一家旨在金融圈中促進「女性」價值的金融服務公司。奧杜的決策與使命吻合，選擇在投資上採取較謹慎的做法，遠離不良債務與有問題的垃圾債券。結果，它是這場危機中唯一一家沒有損傷的冰島企業。而且，儘管冰島在兩性平權上已經是領先國家，奧杜的成功還是進一步推動職場增加女性工作者，甚至包括領導人：從2008年到2017年，冰島在世界經濟論壇的性別平等指數中名列前茅，冰島最近的兩位總理都是女性（相較於金融危機之前，他們連一位女性總理都沒有）。

法國尼斯商學院（CERAM）在2009年發表的一份研究結果與冰島經驗一致，都證實在金融業裡，女性領導人對任職的企業有正面的影響，可以限制冒險行為與男性的過度貪婪。更精確來說，女性在高階管理層占比較高的銀行，面對金融危機更具有復原力。例如，法國的國際金融集團法國巴黎銀行（BNP Paribas）有39％的經理是女性，當他們的股價下跌20％時，只有16％的經理是女性的法國農業信貸銀行（Crédit Agricole）則是暴跌達50％。[18]*

透過EQ強化個人效率的一個相關面向是憤怒管理。

我們往往以為要軟化某個人的怒火或攻擊性，有一套快
速有效的方法，但是這些強烈負面的情緒，大部分是個
人的個性所造成。當然，在特定條件下，我們都會變得
暴怒或具有攻擊性，但是把兩個人放在相同情境下，他
們的反應將會有所不同，而這種不同取決於他們的EQ。
大部分女性EQ比較高，這可以解釋為什麼她們的情緒比
較不像男性會劇烈波動。已經有大量研究將攻擊性的性
別差異與睪固酮連結起來，而女性在生理系統上的睪固
酮低於男性。[19]事實上，光是讓男性接觸到女性，就能
抑制他們的睪固酮爆發，讓男性降低攻擊性，並且幫助
他們延遲滿足。†

---

* 法國巴黎銀行總資產為全球第10大銀行。法國農業信貸銀行是法
　國第2大、全球第12大銀行。
† 指的是抑制現在就可以獲得獎勵的衝動行為，能夠為了長遠的目
　標放棄眼前的誘惑或是慾望。

自知之明

自知之明一向被定義為一種自我反思或觀照內在的過程，可以加強你對自我的認識。自知之明的這一個面向無疑非常有用，但是更重要的面向是，了解你如何影響他人，以及緊接而來的是，知道別人對你的看法。如同詩人瑪雅‧安潔洛（Maya Angelou）提到：「當別人向你展現他的為人，請相信他們。」從這個意義來看，「自」知之明其實是「他」知之明，而高EQ的人比較能夠理解他們的行動會如何影響他人，以及他人會如何認知他們的行動。這個概念是所有領導力開發與培訓等干預措施的基礎。如果你真的想了解自己，不必去印度修行6個月，而是該聚焦於別人怎麼看你。

自知之明的重要性就像健康與幸福，在失去的時候最明顯。想想虛構但是超現實的連續劇《我們的辦公室》（*The Office*）裡面的大衛‧布蘭特（David Brent）或麥可‧史考特（Michael Scott），無論是英劇還是美劇版本的情境喜劇，劇中的幽默都源於這些角色對碰到的狀況

一無所知。相反的，有自知之明的領導人知道別人了解
他們，所以能挑選一系列更有效率的行為，成功管理外
人對他們的風評。

要衡量領導人的自知之明，我們可以估算他們對自
己的看法與別人對他們的看法之間的落差。任何設計良
好的全面評估都能估算出差異。一份文獻回顧（literature
review）指出，*在男性領導人身上，這項落差比女性領
導人更大，男性的自我評分比女性高出大約0.3個標準
差，意思是，有62％的男性給自己的評分，比女性給自
己的平均分數更高。[20]很顯然，領導人對自己的看法愈
精確、挑剔（自己打的分數比別人給的分數還低），愈
有可能達到優越的領導績效。一個低估自身表現的領導
人，更有可能是比較好的領導人。或許，這是因為謙遜
與相對的不安全感，會激勵領導人為了成功而更加努力。

就像男女之間許多其他的相異之處，女性的自知之
明比較高（而且，跟別人的評價相比，她們更有可能看

---

* 指探討整個研究領域多年來所有相關研究成果的文章。

壞自己），但是，這項差異多半只會被拿來悲嘆，並且
視為具有野心的女性不得不矯正或克服的又一件事。有
報告說，女性憂鬱與焦慮的程度確實比較高，她們可能
太過憂慮別人的評價。對許多女性領導人來說，學著面
對、處理更縝密的監督與評價，確實是一大挑戰。但生
活在顯微鏡下的結果，並且學習以他人看待你的方式看
待自己，或許能幫助女性成為更好的領導人。

第 **6** 章

優秀領導人是
什麼模樣？

假如你是1990年代愛丁堡一間咖啡館裡的服務生，你可能會認識一位三十幾歲、名叫喬安（Joanne）的單親媽媽。她會走進你的咖啡館，點一杯咖啡，然後坐上好幾個鐘頭寫作。偶爾，她會把襁褓中沉睡的女兒也帶過來。也許你會問她寫作進行得如何，而她會告訴你，她又被另一家出版商回絕了。

天才通常是出了名的遇不上伯樂。要不是這樣，就不會有12家出版商錯過喬安的著作了。如今她的書在全世界賣出超過4億本，或許你比較熟悉的名字是，創作出哈利波特系列的J. K. 羅琳（J. K. Rowling）。

再也沒人質疑她的才華；20本史上最暢銷的書當中，有7本出自她的手筆，而這些書總計銷售超過5億冊，比任何作家都還要多。[1]不過，羅琳在37歲才千辛萬苦好不容易出版第一本書，換得2000美元的預付版稅，之前卻被這麼多出版商拒絕，顯然他們都沒看出她的潛能。

在我離題太遠之前，讓我們來釐清一下潛能（potential）與天賦（talent）。不管是哪一個方面的能

力，例如體育、軍事、科學、藝術或商業，天賦多半代
表在特定領域成績優越。當一個人在專業上達成非凡成
就，而這些成就無法全然歸功於其他因素（例如工作、
運氣，或裙帶關係），我們便說這些人有天賦。另一方
面，潛能是必須有時機配合或尚未成熟的天賦。它是你
尚未看見、施展的天賦。組織應該明智的看重潛能勝過
天賦，因為組織在激烈的競爭中，要盡早看出誰是未來
的領導人，而且比競爭對手更早看見。

在這裡，尤其重要的問題是，一個從來沒有領導過
別人的人，能否成為一位優秀領導人。因此，潛能確實
是組織對某個人的能力下的賭注，賭他們在未來能否展
現領導才能；因為過去他們沒有當過領導人，所以無法
依靠過往表現來預測未來潛能。

大部分組織仰賴的是過度簡化的領導潛能模型，
因此太過於鎖定單一因素（這些因素多半是人資圈的最
新流行）而忽略其他更廣泛的領導力決定關鍵。亞馬遜
據說特別注重好奇心的培育，推特與矽谷則沉迷於「心
態致勝」，美國運通（American Express）想要根據「恆

毅力」來進行招聘，至於把領導潛能視同學習靈活度
（agility）的組織更是族繁不及備載。愈來愈多組織正在
開發領導人的潛能指標，這些指標多半歸類在「能力架
構」之下，它們混合真正用來辨識天賦的原則，以及組
織煞費苦心設計的公開宣言，但這通常不過是一廂情願
的想法。

相反的，領導力的科學理論發展往往獨立於真實世
界的商業問題，很少考量到實務上如何施行。這種科學
與實務上的落差當然不是什麼新鮮事。就像科學哲學家
卡爾・波伯（Karl Popper）說的：「模型不是準確就是實
用，但鮮少兩者兼備」。

那麼，關於領導潛能的核心要素，我們確實知道的
是什麼？儘管領導力的相關研究浩瀚而繁雜，但是許多
證據顯示，有效的領導人具有一些共通特質。我們可以
把這些特質歸納成幾個領導潛能的基本類別，來預測某
個人成為有效領導人的可能性。在這些文獻中，最佳的
研究類別是整合分析，這些整合分析報告匯聚不只成千
上百份獨立研究成果，還針對構成有效與無效領導人之

間最大差異的特質做比較。從這些研究當中，我歸納出3
個以實證為基礎的結論，應該能幫助組織甄選出更好的
領導人。

1. 智慧資本

　　好的領導力需要有智慧資本（intellectual capital）。*
智慧資本的關鍵要素是特定領域的專業知識、經驗與良
好的判斷力，它們不但能讓領導人扮演好特定角色，還
能讓追隨者對他們產生信賴。德國哲學家馬丁‧海德格
（Martin Heidegger）曾經提到，是否具備專業知識的差
別，在於具備專業知識的人面對一道問題，能迅速忽略
不相關的面向。請想像一位專家正在看一盤棋、一間葡
萄酒專賣店或一架波音747的座艙。與新手不同的是，

---

* 目前對智慧資本的定義尚無定論，不過一般認為，凡是能夠提升
　企業競爭優勢，或是能產生出超過公司帳面價值的無形資產，都
　可泛稱為智慧資本。

具有強大智慧資本的人，會快速聚焦在特定情況的相關因素上，然而新手會因為不相關的資訊而分心，錯把雜訊當成訊號。但是，具有強大智慧資本的人，在必須解決的工作問題上，也更仰賴直覺，因為經驗與專業知識會讓他們的直覺更加以數據為依據。不過，根據這個定義，只有少數人是專家。

倫敦大學城市學院的阿曼達‧古德（Amanda Goodall）帶領的一系列研究中顯示，由產業領域專家所領導的組織，表現比較好。如果醫院的領導人是醫師而非商業或金融人士，會獲得比較好的結果；在體育賽事中，由全明星籃球選手管理的籃球隊表現比較好；而一級方程式賽車團隊，如果是由勝利的前賽車手來管理，贏得比賽的次數也會比較多；[2]同理，如果校長是由具備科學或研究背景的人擔任，而不是行政職出身，大學也更有可能脫穎而出。[3]

透過提振士氣與員工敬業度，領導人的智慧資本會影響到團隊績效。例如，一份由威斯康辛大學的班傑明‧厄茲（Benjamin Artz）帶領的近期研究中，檢查領導人的技術知識與團隊幸福感之間的相關性。厄茲與同事對許多英國與美國組織進行研究，總共調查了35,000名員工。為了評估領導人的技術知識，他們要求員工針對一些陳述評分，例如「如果有需要，我的主管能做我的工作，而且做得很好」和「我的主管在公司裡步步高升」。他們的分析揭露，領導人的技術知識很重要，它最能夠預測部屬的敬業程度，甚至比薪資更重要！此外，在檢查更替過領導人的團隊的縱向資料（longitudinal data）後，*厄茲和團隊特別指出一個明顯的因果關係：當新上任的領導人接掌組織內的既有團隊時，如果他的技術知識高於前任領導人，團隊士氣就會提升。[4]

　　好消息是，組織普遍都意識到智慧資本的重要性。如我們所料，整合分析的回顧報告證實，正規的執照與證書能預測誰會出線成為領導人。這些回顧也顯示，無論資歷在哪個層級，個人的技術能力與經驗不但能預測

---

* 也稱為「追蹤資料」，指的是同一個個體在不同時間下，經過重複觀測後得到的資料。

他們未來的工作表現，還能預測他們具有更高的創造力，更常在組織內做出有利社會的行為，也比較不會出現對工作不利的行為。資歷比較好又適任的領導人收入更高、更常升遷，或是入選參與培訓專案。他們往往也更常換工作，特別是因為他們跟資歷更不足的人相比，有更多的選擇。[5]

　　壞消息是，儘管大家都說EQ和「軟實力」很重要，但組織傾向於過度依賴技術知識。這不是說技術知識不重要；無疑的，我們才剛討論過，它很重要。但是，光憑技術知識無法看出領導潛能，特別是在員工從貢獻勞力轉變成管理者或領導人的時候。無論是在華爾街、製藥產業還是矽谷，每一個需要高智商、工作高度複雜的技術產業，都遭遇相同問題：技術專家過剩，領導天賦卻有限。除非情況改變，否則過去的績效往往可以預測未來的表現。而且，神奇的是，當你要求一個獨立工作、可以解決有明確定義與系統規則的問題的人，調去做需要帶人的角色時，大部分人的表現不會跟之前一樣好。

　　不應該太依賴智慧資本的另一個理由是，當機器學習與人工智慧（AI）愈來愈精良，它們解決智慧難題的能力會超越我們。矛盾的是，AI時代或許最終會更倚重領導力的情感面向：因為領導人在管理數據、資訊或是有明確定義的問題上，無法勝過機器，他們主要的競爭力將會是他們管理眾人的能力。

2. 社會資本

　　即使領導人因為智慧資本而展露強大的潛能，但他們的社會資本（social capital）才是關鍵所在。社會資本涉及領導人掌握的人脈與網絡。正如《廣告狂人》（*Mad Men*）中唐・德雷柏（Don Draper）一角的靈感來源、廣告鬼才大亨大衛・奧格威（David Ogilvy）說的：「有聯絡才有成交。」你認識誰，不光決定了你怎麼帶人，還會決定你能不能成為領導人、在哪裡工作。

　　有大量組織心理學的研究顯示，當領導人在公司外部有更廣、更深厚的人脈關係，他們的績效更好。[6]既然領導力的核心在於領導人影響他人的過程，那麼能與他人建立更寬廣又豐富關係的人，肯定處在一個更可以影響他人的好位置。事實上，研究顯示，要衡量領導人的影響力，有一項最佳單一指標（不光可以適用在商場上，在政壇與軍隊裡也適用），就是觀察這個人在組織的網絡裡，占據的位置有多接近核心。[7]你可以用傳統的自我報告問卷調查來評估，例如詢問組織成員跟別人關係有多密切、有事會找誰商量，以及他們認為誰是知識來源與專家。或者，你也能採取被動的衡量方式，例如確認電子郵件數據的脈絡：他們固定跟誰通信？頻率為何？以及他們彼此之間如何互相聯繫？

如果有一個人的慣常電子郵件往來數據顯示，他常跟一群更大、更多樣的團體成員聯絡，只是這群人並不習慣透過電子郵件交流。和那些只跟內部有互動的小團體成員聯絡的人相比，我們能期待他發揮更多影響力、具有更大的領導潛能。如此一來，領導人的成功與影響力，便會傾向隨著人脈的深度與密度而提升。就如俗話常說：「優秀的人會吸引優秀的人，而且知道如何讓他們團結在一起。」〔人們常說這是歌德（Johann Wolfgang von Goethe）說的。〕

　　社會資本的重要性，也反映在這項價值觀上：大部分人依然重視私人介紹與推薦信。顯然，別人的看法對於遴選領導人而言依然很重要。儘管整合分析報告顯示，推薦信沒辦法預測工作表現，但是任何職位的應徵者，如果要跟一個得到強力推薦或背書的人競爭，而且這位推薦人還跟可以決定應徵結果的人關係密切，想必要很費勁才能贏過對方。[8]我們在生活中的任何領域，都信任「食好鬥相報」，在領導潛能方面也不例外。即使大部分的人都不是很會判斷這種潛能，他們的意見還是會產生影響。

　　基於社會資本所做的決定，可能是微妙的潛規則；例如，當人資經理讚美一位應徵者「跟我們的文化很契合」，他們真正的意思是，這個人顯然是人資經理所屬的圈子或群體（而且是占優勢的群體）當中的一員。在高度文化契合的背後，他們沒有明說的指標可能包括學歷背景（例如組織中出身常春藤盟校的比例極高）、技術背景（例如工程、法律或MBA），或是宗教背景、種族淵源。或許更重要的是，社會資本通常會與社經地位搞混，不光是在歷史上階級分明的國家（如印度與英國）如此，在那些強烈支持菁英領導理念的地方也是這樣。例如，在美國，一個人的職涯成功與否，有50％取決於父母在職涯上是否成功。正如最近馬修‧史都華（Matthew Stewart）在《大西洋》雜誌（*Atlantic*）中提到：「在美國，當你選擇父母後，比賽就已經進行了一半。」[9]當然，成功與社經地位的關係，不會始終都緊密連結。一直到1970年代，30多歲的美國人還有90％的機會賺到高於父母輩的收入，這相當接近個人能夠向上流動的機率。然而，如今這個數字只剩下50％。[10]

3. 心理資本

最後，優秀的領導力需要心理資本（psychological

capital），這是指領導人將如何領導，以及是否好好發揮各種能力。要回答這些問題，我們需要理解在人們擔任領導角色時的三個核心面向：性格的光明面、黑暗面與內在面。[11]

光明面

光明面包含智力，指的是一般的學習能力以及主要的人格特質，例如外向、企圖心等，也說明了每個人的獨特傾向。光明面反映出當人們處於最佳狀態時會做什麼事，以及當他們努力展現出最好的人格特質時，通常會在工作中做什麼事。

根據一份長達50年、預測領導有效性的關鍵心理資本研究的整合分析報告發現，光明面的人格特質，例如好奇心、外向與情緒穩定，可以解釋大約40％領導人績效的變化傾向。[12]另一份不同的整合分析報告顯示，智力（與人格無關）也能預測每個人的領導力差異。[13]這些發現不是表示領導人必須具備這些特質才具有領導潛能，而是指出具備這些特質的人，更有可能有效領導。

　　即使只有一點點明確的光明面特質，都能對於形塑領導人的過程產生極大的影響力。例如，想想尼爾森・曼德拉（Nelson Mandela）的情緒穩定度，可以解釋他如何能夠在受到不公平的審判後入獄服刑27年，卻在出獄後原諒了他的敵人。或是可可・香奈兒（Coco Chanel）的企圖心讓她能擺脫貧窮，創立史上最受讚揚的一家奢侈品品牌。或是傑夫・貝佐斯（Jeff Bezos）的好奇心，使得亞馬遜成為世界上最具革命性的一家企業，也讓貝佐斯成為史上最有錢的一位富翁。

黑暗面

　　黑暗面反映的是人格當中不太令人響往的面向，例如我們已經檢視過的自戀、精神病態等特質，人格當中的黑暗面，會妨礙領導人建立與維持一支高績效團隊，以及破壞他協助團隊與組織長期保持成功的能力。請想想，在任何產業的任何時間點，都不乏這樣的領導人：

不只是毫無缺點的技術天才，人脈還很廣，顯然有超級
完美的光明面，但是卻無法控制人格中會帶來反效果或
自我毀滅的特質。就像本書第 3 章提到，自戀與精神病
態是兩種經常與領導力相關的黑暗面特質，但是除此之
外還有很多黑暗面特質。

1997 年，心理學家羅伯特與喬伊絲・霍根（Robert
and Joyce Hogan）建立了一套在科學上幾乎沒有缺點的
方法，可以評估自戀、精神病態與其他 9 種會使領導人
做出脫軌行為的黑暗面特質。從那之後，由霍根評量系
統公司（Hogan Assessments）授權的相關評估，也就是
「霍根人格發展調查表」（Hogan Development Survey）開
始受到廣泛採用，大家都想精確的找出領導人的培訓與
發展需求。[14]

在側寫上百萬人後，霍根的數據顯示，大部分人至
少會展現其中 3 項黑暗面特質。此外，約有 40％的人在
其中 1 至 2 項特質上得分很高，高到在未來職涯上有脫序
的風險，就算他們目前成功、績效又好也一樣。

黑暗面特質可分成 3 種類型。第一類是冷淡特質，

很明顯會令人倒胃口，並且讓領導人遠離其他人。例如，過度興奮或喜怒無常，都會產生這種影響；或是抱持懷疑、憤世嫉俗的看法，也會難以建立信任。另一種例子是不慌不忙的消極攻擊，外表裝出一派輕鬆、有禮的態度，實際上拒絕合作或是甚至在背後傷人。

第二類恰好相反，是魅力特質；他們積極吸引人加入人脈網路。這些特質往往能在獨斷、具有領袖魅力的領導人身上看見，他們藉著向上管理的能力，提升對老闆的影響力來凝聚追隨者。自戀與精神病態屬於這個類型。

第三類是迎合特質，這對追隨者來說有正面的助益，但是對領導人則通常好處很少。例如，一個勤奮的人可能會企圖利用他對細節一絲不苟的專注態度，藉此給主管留下好印象，但是這種專注也能被解釋為拘泥小節或是對部屬進行微觀管理（micromanagement）。*某些善盡職責、渴望取悅權威的人也容易因此變得太過服從。

---

* 一種事事干涉的管理風格，通常帶有負面含義。

內在面

　　領導人人格的內在面涉及他們的價值觀，也就是他們內心的道德指南針，決定領導人能夠適應組織文化的程度，以及他們將打造出哪一種文化。例如，重視傳統的領導人對於是非對錯很執著，偏好階層分明的組織，不太能包容破壞與創新。如果把他們放在一個創造力豐沛的環境，他們會很辛苦。另一方面，重視歸屬感的領導人會強烈渴望與他人相處，著重於建立與維護緊密的溝通交流與人際關係，也很注重互相合作。如果他們的角色太過孤立，或是公司文化太過個人主義，這些領導人就會格格不入。最後，無私的領導人會努力改善他人的生活，促進世界的進步，因此當組織純粹以獲利為導向時，他們就會很痛苦。

　　總之，假如某個人具備適當的智慧資本、社會資本與心理資本，他們將有更多潛能成為優秀的領導人。但是，具備三種資本不保證就會成為優秀的領導人。接下來我會說明理由。

領導天賦會受到環境所影響

就算領導天賦的本質到哪裡都適用，但是時勢與環境還是會影響領導人的行為方式、言語行動，以及評價方法。

於是，某些領導人在某些文化裡或許會受歡迎，但在某些文化裡卻不吃香〔想想弗拉基米爾・普丁（Vladimir Putin）和雨果・查維茲（Hugo Chávez）是如何受到民眾歡迎〕，*而許多高績效經理人從一個文化轉移到另一個文化時，或許會覺得辛苦，例如從德國到印尼，或是從非政府組織到金融科技新創公司。

舉幾個名人的例子說明，溫斯頓・邱吉爾（Winston Churchill）在戰時是英明的領導人，因為他的頑強與偏執是很珍貴的特質，但是他在和平時期的領導就沒有那麼有力，而且理由也是因為頑強與偏執。根據華特・迪士尼（Walt Disney）的主管說，他是因為提不出好構想

---

* 他們分別是俄羅斯現任總統和委內瑞拉前任總統。

才被《堪薩斯城星報》（*The Kansas City Star*）開除記者
職位。歐普拉失去第一份電視主播工作，是因為她對報
導「投入太多感情」。2018年7月，唐納・川普在民主黨
人之間的支持率僅僅8％，在共和黨人之間的支持率卻有
87％。在目前的領導人當中，我們很難再找到比他更極
端的例子了，而極端的意思是績效表現（或者至少是眾
人對他績效表現的看法）取決於時勢與環境。假如天賦
的意思是把個性放對位置，那麼時勢與環境顯然跟領導
人的人格一樣重要。

　　為此，研究人員開始調查領導力與文化之間的關
係。這種關係的認定標準很寬鬆，像是人們應該做出哪
些言行舉止，以及他們應該重視什麼條件、在特定的
環境背景下贊成哪些價值觀。如今，組織多半以公開
宣言的方式宣傳文化信條：Google的「不作惡」；臉書
的「快速行動、打破陳規」；蘋果的「不同凡想」；以
及更早之前奇異（GE）的「精益求精，快速前進」；豐
田（Toyota）的「持續改善」（Kaizen）；以及宜家家居
（IKEA）的「謙卑與意志力」。

　　這些聲明反映出組織企圖把他們的文化轉化成簡單的咒語真言，提供更高階的行為準則來引導員工的言行舉止，減少不確定性。對文化最簡單、最完美的詮釋，是Google的「我們在這裡怎麼做事」。一個組織的文化會反映領導人的價值觀，尤其是創辦人的價值觀。[15]事實上，上述所有口頭禪，都適用於這些組織的文化，也適用於這些創辦人的生活信條。例如，當美國參議員質詢馬克・祖克伯（Mark Zuckerberg），並且直指臉書的數據侵害用戶隱私時，這位執行長兼創辦人辯白說，公司成長這麼快速，難以避免犯錯；換句話說，這就是「打破陳規」。因此，團體與組織的文化有很多種可能性與變化，就像個人的價值觀一樣。

　　所以，領導力在不同文化下將如何變化？儘管更正直、更有能力、具備更多人際關係技巧的領導人，會比沒有這些條件的領導人更能在所有文化中，不論是中小型企業，或是財星百大企業還是國家地區，把組織帶領得更好；但是，從更加細微的角度來看，領導作風的一些差異，還是會讓某些人成為更好的領導人。社會心理

學家吉爾特・霍夫斯泰德（Geert Hofstede）的文化模型
是了解這些風格差異的經典框架；這是他比較過IBM公
司全球員工的態度與價值觀差異後發展出來的模型。[16]
這個模型指出，與工作相關的行為（包括領導力）有四
個方面的主要文化差異：

> **控制性（dominance）：** 不同文化會有不同程度
> 的控制性，控制性強的文化欣然接受獨斷、過
> 度自信與主張服從權力的統治者。如同我們的
> 預期，這種文化比較偏好男性領導人，抗拒女
> 性領導人。此外，在控制性強的文化中，如果
> 男性領導人展現出更願意諮詢、扶持他人以及
> 更有同理心的行為，普遍接受度較低，而且對
> 性別多元化的好惡很明顯：控制性強的文化無
> 疑只接受男性領導人，並期待這些男性表現出
> 刻板印象中的男子氣概。文化上控制性強的國
> 家有墨西哥、日本與奈及利亞等；文化上控制
> 性弱的國家則包括瑞典、冰島與挪威。[17]具有

高控制性特質的產業部門包括金融、法律與軍事產業，而低控制性特質的產業包括教育、公共關係與非營利組織。

自發性（Spontaneity）：不同的文化對於自發性與即興行動的接受程度也不一樣。自發的文化支持不確定性，不需要事事規畫，就算沒有清楚的規則或定義明確的流程也能順利運作。要在這些文化裡成功，領導人需要高度的適應能力，並成為熟練的即興玩家。反之，缺乏自發性的文化會被規矩束縛，而且對員工與領導人都有明確的規範。當他們需要做出獨立的決策時，通常會感到不確定與不自在。在文化上自發性高的國家有阿根廷與巴西；文化上比較謹慎小心的國家則包括新加坡與日本。一般而言，自發性高的文化偏好男性領導人，因為男性跟女性相比，比較不認真、缺乏條理，也沒有那麼厭惡風險。

個人主義（individualism）：正如這個詞一般所代表的意義，個人主義的文化鼓勵個人獨立行動，並偏向讚賞個人而非團隊的成就。在這樣的文化裡，團體內與團體外的界線相對寬鬆，而領導人會因為特立獨行，以及不服從一般公認的信念、慣例而受到褒獎。出眾顯眼對員工與領導人來說都很有吸引力，卻往往不利於團體活動。如同我們的預期，在個人主義的文化裡，人們更加渴望領導力，因為領導力本身就被視為一種脫穎而出的方式。反之，集體文化則是聚焦於團隊而非個人成就，因此比較強烈的偏好低調謙遜的領導人。個人主義文化中的領導人，比較有獨力決策的空間與干涉流程的權力，而集體文化的領導人在決策上則喜愛取得共識，或採取民主表決。個人主義風行的國家有美國、英國與澳大利亞；集體文化風行的國家則包括中國、南韓與印尼。個人主義顯著的產業有金融業與學術界，集體主義則在軍事

與職業運動較為普遍。一般來說，個人主義的
文化是男性領導人受惠，而女性無論作為領導
人還是員工，通常都比較以團隊為導向與偏好
集體主義。

身分地位（status）：不同文化對身分地位的
接受度也不同。尤其是以身分地位為導向的文
化，會將個人之間權力的懸殊差異視為理所當
然，並且認同某些人將永遠比其他人更優越。
當領導人在這種文化中出線，他們將被賦予更
多的特權與威權。在這樣的文化裡，社會與經
濟的不平等會更嚴重，而部屬願意接受某人的
領導，比較可能是基於他的社會地位優勢，而
不是欣賞他的才幹能力。同樣的，在這類文化
中，部屬通常對於批評領導人有所顧忌，因此
領導人鮮少受惠於部屬的回饋意見或是有建設
性的批評。反之，比較不重視身分地位的文
化，相對偏向平等主義與菁英管理。他們會更

願意接受性別多元化，並包容（或許甚至選擇）來自外部的領導人。由身分地位主導文化的國家包括中國、印度與奈及利亞；拒絕身分地位差異的國家則包括荷蘭、德國與丹麥。重視身分地位的產業包括軍事、公共服務與醫療業，不注重身分地位的產業則有媒體，包括娛樂，以及科技新創世界。由身分地位主導的文化傾向於贊成傳統與維持現狀，女性在這樣的文化裡，通常很難出線成為領導人。

　　最後，如果組織想要徹底打破有效領導潛能的公式，可以毫無顧忌的不理會更廣泛的文化分類，像是國家、部門甚至是公司慣例，然後為組織需要的高績效領導人角色設立基準。如果一家公司有足夠的歷史數據資料，以及不論績效好壞的領導人範例，就能發現在特定角色裡，一個好或壞領導人的成因為何。當然，過去行得通的因素，不見得在未來也行得通。但組織通常會大肆渲染改革的影響範圍，並且對局勢的變動念念不忘。

這樣的態度經常使他們無法正確掌握基本知識，或是以此作為藉口，拒絕嘗試掌握知識。

正確掌握基本知識

　　如果領導潛能的公式並不複雜，領導天賦的本質也幾乎在哪裡都通用，為什麼沒有更多組織搞定這件事呢？要搞定這件事並提升領導人的素質，組織必須解決他們看待領導力時常見的5個問題（見表6-1）。如表格所示，組織經常把領導人定義為掌管大局的人，或是有正式身分地位的掌權者。但是，如果根據以實證為基礎的觀點，應該把領導人視為能夠使團體結盟，以追求共同目標的人。因此，有些人未必擁有權威的身分地位，卻可以藉由鼓勵大家像是協調一致的單位般一起工作，由此展現出領導人的行為。同樣的，有些人在名義上掌管大局，但工作起來卻不像領導人，或是沒有本事形成一支贏家團隊。當員工因為過去的個人貢獻而被拔擢為領導職位時，真實能力與領導職位之間的衝突經常會隨著升高。在這個情況下，領導力更像是一個榮譽頭銜，或是對過去努力的認可，而不是團隊或組織的實際資源。

　　表格中提到，優秀領導人的關鍵特質不是在公司或團體裡爬到高層，而是協助團隊贏過競爭對手。這項目標對職業運動來說顯而易見，他們有明確的遊戲規則

表6-1
常見的錯誤領導力觀點VS.經過科學驗證的領導力觀點

領導力的面向	常見觀點	科學觀點
領導人的定義	掌管大局的人，或掌權者	建立贏家團隊的人
領導人的目標	步步高升，功成名就	協助團隊勝過競爭對手
領導人的績效表現	等同領導人的職涯成功	取決於團隊的績效表現
部屬的角色	幫助領導人成功	為了追求共同目標而團結合作
領導人的關鍵特質	自信與領袖魅力	能力與正直

與目標，他們的表現也能客觀判斷。但是，在大部分組織裡，目標沒有那麼顯而易見。結果，組織經常以為領導人的職涯成就會反映出他的表現，以為一個人愈有資歷，就應該愈有本事。

要判斷領導人的本事，我們需要客觀考量他們的團隊表現。然而，客觀評估也會出問題，因為缺乏可供比較的個案、有令人困惑的因素，或者單純是資訊過於繁雜或數據不足。儘管有這些疑慮，組織還是應該評估團隊表現。要是無法評估團隊表現，我們可以改用團隊士氣這項良好的替代指標評估團隊，因為士氣既是提高團隊績效的原因、同時也是結果，而且也因為團隊最知道領導人的實際表現。此外，部屬的目標不是幫助領導人獲得個人更大的成功，是領導人應該從旁協助他們追求想要的共同目標。顯然，能實現共同目標的領導人特質不會是自信與領袖魅力，而是能力與正直。

第 7 章

不要太相信直覺

我花了很多時間嘗試教導組織辨識出更好的領導人。你可能會認為，那些組織（特別是大型跨國公司）在領導力的選才實務上已經很有經驗，但是只要跟他們的領導人短暫互動一下，就能證明情況並非如此。以下是我最近跟一家頂尖投資銀行資深高階主管的對話：

> 我：「你怎麼知道誰具有領導潛能？」
>
> 銀行高層：「喔，你就是會知道啊！」
>
> 我：「你這話精確來說是什麼意思呢？」
>
> 銀行高層：「你知道的，等我看見，我就會知道。」

如果這種態度存在於世上最大、最成功的其中一間企業裡面，你對那些相對平凡的公司，還能期待什麼呢？

最近，我在一家名為企業研究論壇（Corporate Research Forum）的精品智庫主持一項研究，75％來自頂尖跨國企業的人資領導人表示，要決定誰有領導潛能，最普遍的方法是根據他的主管的意見。[1] 有鑑於組織起碼會做個樣子，假裝他們很客觀，我們只能想像到靠直覺做決定的實際比例應該會更高。

　　為什麼我們這麼依賴直覺？鮮少有組織擅長衡量領導人的績效表現。雖然組織往往沉迷於辨識領導潛能，但卻很少額外多費點心神，在事後核對他們的選擇是否正確。

　　一旦組織理解到應該尋找哪些特質，他們在察覺這些特質上，應該就沒什麼困難才對。然而，跟一般的看法相反，辨識領導潛能的健全方法，早已經存在數十年，而且也有非常簡單的標準能測試它們是否有效。但是，問題來了：我們熱愛相信自己的直覺，即使是錯誤的直覺。

　　到目前為止，組織經常選錯領導人。為什麼他們不明白他們的選才方式是錯的？有一個理由是，評估這些領導人的人，跟雇用與拔擢他們的人，是同一批人。這種安排最常見的例子是：同一批人先根據面試表現選出應徵者，然後在委派職務後也負責評估他們的表現。也就是說，一個做出糟糕決定的面試官，後來又被要求查核這個決定是否正確。於是，招聘經理甚至不需要刻意作弊來掩蓋之前的錯誤決定，而且他們在第一時間雇用錯誤人選的偏誤想法，將會繼續干擾他們評估錄用者表現的標準。當組織難以得知這位錄用者的客觀績效表現，或是實際工作成就容易被漠視、誤解時，一切狀況會再進一步惡化。

不論領導人是男性或女性，這種機制上的錯誤會干擾組織的判斷，而且有證據顯示，這一切最終將會對女性更加不利。許多文章與書籍都歸納出相同的結論，簡單來說，女性會因為展現出許多被視為領導力的外顯特質而受到懲罰。企圖心、承擔風險、獨斷以及其他類似的特質，要是在女性身上出現就會招惹不滿，因為這些特質是對男子氣概的刻板印象。然而，當女性沒有展現出這樣的特質，舉止表現符合傳統的女孩子氣，卻又很容易因為沒有領導人的樣子而遭到開除。[2]

就拿希拉蕊‧柯林頓來說，她在2016年的總統選舉中不斷被批評冷漠、野心勃勃、沒血沒淚，以及像機器人一樣。就算這些形容詞準確道出希拉蕊的性格，但是如果這些特質出現在男性身上，或許負面含義會少一點。老實說，上一次是何時有男性領導人因為這些特質被指責？還有，上一次是何時讓這些指責傷害到他們的領導前景？與此同時，希拉蕊「只能」被歸類為女性，這樣的狀況無法避免，因為她是由大黨提名為總統的首位女性候選人。但是，身為女性就意味她會被攻擊為軟弱與欠缺耐力。於是，在面對大眾普遍對優秀領導人有刻板印象的偏見時，顯然女性遭遇的是「第22條軍規」（catch-22）的兩難局面。*當她們展現出刻板印象中男子氣概的特質，就會因為不是傳統領導人而被解雇。反之，女性必須比男性更符合資格，才能與男性競爭同樣的領導角色。[3]

　　要克服這些偏見並且延攬適合的領導人，組織就需要建立可靠的指標來評估領導績效，盡量降低對主觀判

---

* 「第22條軍規」是美國60年代小說書名，這條軍規規定，如果你是瘋子就可以申請卸下軍職返國；但是由於必須本人親自申請，既然瘋了，又怎麼能自己申請？如果有能力提出申請，就表示還沒完全瘋掉。

斷的依賴。領導人的績效是為了達成組織目標而做出的所有行動的總和，客觀衡量領導人的績效表現，能讓組織確定他們的領導力選才方式是否可行。除非單純運氣好，否則要是你不知道你做錯了什麼，就無法改進。

衡量智慧資本：注意面試中的提問

如果組織想要鑑別出真正的領導潛能，應該聚焦於什麼關鍵訊號？第一種訊號與智慧資本有關，我們前面提到過，這包括應徵者的專業、知識與正式證書。評估智慧資本最常見的工具是個人履歷、LinkedIn的個人資料，或是網路上的作品集。隨著我們愈來愈重視心理資本，對智慧資本的重視會逐漸降低，但是智慧資本無疑還是很重要，特別是用於淘汰資格不符的應徵者的時候。領導人必須讓部屬覺得可靠，而這份可靠來自相信他們的技術能力與硬底子的專業知識。

另一種評估智慧資本的常見方法是甄選面試。無論職位、產業或是哪種類型或規模的組織，領導力的選才流程總是會有面試這一關，而且通常不只面試一次。此外，面試經常是組織為了徵選領導角色，用來評估外部應徵者的唯一方法。即使結合其他工具，面試也可能比其他衡量方法更能夠左右結果。如果應徵者在其他遴選標準上表現出眾、卻在面試時表現差強人意，他們可能就不會雀屏中選。

　　有鑑於面試的普遍流行，有大量數據資料探討面試的準確度與有效性，整合分析報告不下15篇、已發表的獨立研究也有上百篇，都能用來預測績效表現。[4]這些研究顯示，「結構化」（structured）的面試是調查領導人潛能的可靠方法。結構化的面試包括預設的評分模板，用來挑出與工作相關的訊號。這些訊號與關鍵的工作條件密切相關，而且運用標準化的評分模板，能盡量減少不相干的訊號（例如自信、領袖魅力與幽默感）。結構化的面試提問範例如下：

　　技術專業：你之前用過Excel軟體嗎？你熟悉

Python 軟體嗎？你能用法語做業務開
發提案嗎？

領導技能：從 1 到 10，以 6 為平均值，你會給自
己管理虛擬團隊（virtual team）的能
力打幾分？你有帶領過新創團隊的
經驗嗎？你的領導作風比較偏向自
由放任，還是事必躬親？

關鍵是，在結構化的面試中，所有應徵者都依照相
同順序被問到相同的問題，而招聘經理則要受訓以統一
的方式解釋答案。

結構化的面試在調查應徵者的潛能時更客觀，也因
此更有效率，非結構化的面試在預測工作表現時準確度
比較低。[5]要注意的是：首先，開放式問題會引出預期以
外的回答，而這種回答難以解讀或是分析；第二，如果
面試的提問不照順序又沒有明確模式，答案就無法與特
定的能力或工作條件產生連結。非結構化的面試更像是
一種即興、自由發揮的活動，是面試官邀請應徵者針對

各種問題自我介紹，有些問題只是用來暖場，有些則很難回答，而且面試官會隨興評價他們的表現。非結構化的面試提問範例如下：

> 要找到我們公司，有遇到什麼困難嗎？
>
> 你為什麼想要為我們工作？
>
> 你是怎麼找到前一份工作的？
>
> 你有任何嗜好嗎？
>
> 你對自己未來5年的發展有什麼看法？
>
> 你最大的弱點是什麼？

　　一點也不意外，非結構化的面試會有意無意的增加面試官對應徵者的偏見，而選才標準經常是與工作毫不相關的特質（例如種族、性別與年齡）。無論面試官多麼想要對這些因素視而不見，他都很難避免考量到這些因素。心理學研究已經證實，我們愈是想要忽略某些想法，這些想法在我們的腦海中就愈是鮮明。當我們試著不要去想一隻白熊，腦海裡將會只出現一隻白熊；[6]試著不去理會應徵者的國籍、種族或性別，通常一定會失敗。此外，如第4章所言，我們對一個人的看法，往往只花幾毫秒的互動就已經形成，就連應徵者的握手方式都會左右面試官的決定，儘管他們對此毫無察覺。[7]

　　在一份近期研究中，哈佛大學甘迺迪政府學院（Kennedy School of Government）的愛麗絲・波奈特（Iris Bohnet）以及團隊，強調以結構化的方式評估領導力的好處。他們發現，當面試官比較不同應徵者的同一項能力，根據每一項關鍵指標來檢視應徵者，更有可能準確評估應徵者的潛能，做出理性、不帶偏見的聘雇決定，避免落入性別刻板印象的窠臼。結構化的面試，尤其是對應徵者標準化的比較與評估，將能協助組織盡量減少偏見的影響。反之，當面試官一次只鎖定一位應徵者，分別討論每位應徵者的表現時，就會退回性別的啟發法（heuristics），*不經意的仰賴社會刻板印象（例如男人有企圖心又聰明，女人溫暖又勤勉認真）。因此，

---

* 指自己嘗試錯誤然後習得教訓，也就是經驗法則。

非結構化的面試與主觀的評估方式，將會引發面試官的
偏見。[8]

衡量心理資本：評估性格光明面

　　衡量心理資本最好又準確的方式，是做心理測量學
的測試；測試分成兩種：智力測驗與人格量表。[9]智力測
驗通常有作答時間限制，而且聚焦於衡量領導人的一般
推理能力、問題解決技巧，以及廣泛的思考能力。它們
通常被歸類為衡量學習能力或IQ的方式，能呈現領導人
最初心智能力的最佳程度。儘管這些測驗經常看起來太
過抽象，難以跟日常工作難題產生連結，但它們無疑是
預測工作表現的最佳工具，也一直都是領導潛能的實用
指標，即使拿其他工具與數據做比較，智力測驗也一樣
效果不錯。智力測驗的成本效益也很高，不只有許多高
品質的測驗，測試一位應徵者的費用也不到30美元。

　　當然，這些測驗並不完美。第一，應徵者可能會

因為焦慮而表現不佳，尤其是在測驗結果攸關利害得失的時候，例如高階管理人員的遴選。心理學研究已經證實，光是以紅色（或是任何會引起焦慮的顏色）墨水寫下應徵者的名字，應徵者的測驗成績就會降低。第二，智力測驗會對少數團體產生不利影響。諷刺的是，這些測驗是為了協助更有潛力的人在工作上雀屏中選，但實情多半不是這樣，它們反而會加劇既存的社會不公。與員工的績效相比，智力測驗也是比較糟糕的領導力預測工具，部分原因是，在組織的晉升途徑上，高層的智力分數差別比較小。員工經常（但不是每次）會因為才智而被拔擢為領導人。

人格量表可以評估人們默認的行為傾向，例如他們對情境的反應與其他人有哪裡不同，還會評估核心價值觀與信念。前文提過，人格特質中有光明面與黑暗面，也有相對令人嚮往或是不嚮往的面向。在經過科學驗證的有效人格測驗方式中，將光明面分成5大區塊：外向性（extroversion）、親和性（agreeableness）、盡責性（conscientiousness）、神經質（neuroticism）以及經驗

開放性（openness to experience）。[10] * 名稱可能會有些許
不同，但是某些特質代表的是這5大人格特質的狹義特
徵。例如，樂觀是外向性的一部分，為成就而努力是盡
責性的一部分，而壓力容忍度是神經質的一部分。其他
特質例如EQ，代表這5大因素的排列組合（例如低神經
質同時具備高外向性、高親和性、高盡責性以及高經驗
開放性）。儘管具備領導潛能的人在某些特質上通常測
驗分數比其他人高，但是大部分的人格測驗方式，都容
許組織客製化評分的演算法，才能針對特殊的角色、文
化或脈絡，辨識出可以促成有效領導的特質組合。

　　對於人格測驗，有一種批評很常見，批評者說它們
多半以自我報告為依據，很容易被應徵者投機取巧，尤
其是結果攸關利害得失的時候。然而，這種批評大部分
沒有事實根據。人格測驗都經過適當的設計與驗證，應
徵者很難發現正確答案。

---

* 這5點在心理學中被合稱為5大人格特質（The Five Factor Model,
　FFM）。

　　首先，應徵者很難一眼看出每道問題要測的是什麼內涵，即使他們真的看出來，也不見得能猜到組織要尋找的具體角色為何。許多問題對應徵者來說看起來顯而易見，但這不表示他知道應該如何作答。例如，同意「人們很快就能看出我的才華」這項陳述的應徵者，EQ會得低分，但自戀會得高分，因為同意這句陳述的人會有舉止傲慢、自命不凡的傾向，這是低EQ而不是高EQ的行為指標。

　　第二，就算應徵者在測驗過程中取巧，測驗還是有用。看出正確答案的能力，通常與未來工作表現呈現正相關。結果，無論應徵者是造假還是如實作答，只要答案能預測表現，測驗結果就有意義。在遴選領導人時進行人格測驗，有一個實用目的：預測領導績效；人格測驗不是要解決領導人的答案是否等同他的為人、或是分數能否反映領導人的「真我」這種形上學的問題。只要測驗能預測表現，誠不誠實作答就沒那麼重要了。畢竟，很多人、就連我們當中最真誠的人，都經常對自己不誠實，甚至自我欺騙。

　　人格測驗也可以用來評估領導人的價值觀，特別是因為許多有潛力的領導人可能不適合某個特定角色或是組織文化。但是，如果組織想要領導人發動改革，他們會被規勸雇用跟組織文化有一點點不合的應徵者，而不是跟文化完美契合的人。這是因為，如果找來的領導人和團隊成員的特質很相似，他只會維持現況，而不會打破現狀。而且，就算雇用跟組織文化南轅北轍的人，也很少會產生組織想要的改變。更有可能發生的情況是，這些領導人最終反而毀掉自己。

　　領導人的價值觀是他們內在的指南針，不光能鑑別出他們的好惡、賞罰，還有他們想在團隊與組織裡營造的文化類型與風氣。他們的價值觀也會決定組識將嘗試雇用哪一類的人。無論有意還是無意，人們總是偏好雇用價值觀相近的人。

　　光是知道領導人的價值觀沒什麼用處，除非組織同時也能破解自己的價值觀，或是我們所謂的文化。遺憾的是，由於大部分組織都低估精準側寫自身文化的重要性，最終總是會依賴直覺與不切實際的理念，誇口宣稱組織應該要呈現出某種樣子，而不是描述現在實際的情況。[11] 例如，現在有許多公司聲稱具有創業精神、革新、成果導向或多元化，然而他們的員工經歷的是截然不同的文化。一份經過縝密設計的風氣調查，能蒐集眾人對組織文化的看法與經驗，揭露一家公司真正的價值觀，比公司高層宣傳的理想領導能力更精確。

當然，某些領導人在任何情況下真的都能夠表現出色。他們拓展競爭力的能力，讓他們具備更多技能。但是，他們是例外而不是常態。相反的，大部分人的領導潛能會視情況而定；一個人在過去的角色或組織能有效領導，無法保證他在未來也將有效領導團隊。[12]

衡量新的人才訊號，或是有展望的新技術

過去幾年來，在人才辨識工具方面有許多變革，主因是數位革命，包括現在幾乎人手一支的智慧手機。當組織面臨人事上的決策，他們最想掌握的重要數據就是

名聲。當然，名聲重要不是新鮮事，甚至能回溯到遠古時代，尤其是我們的祖先生活在小群體當中，彼此頻繁密切互動的時候。在當時，名聲是社會互動的決定性貨幣。人們很清楚誰能信任、誰不能相信，當時要判斷誰是人才很簡單，適合的領導人因此雀屏中選。

然而，在這個時代中，我們習慣跟陌生人互動、並且定期要對我們幾乎不認識的人做出高風險的決策，技術與品牌已經取代第一手經驗，成為人們取得與傳達名聲的主要手段。不可避免的，從親身互動到透過技術取得名聲，意味著領導力的識別將成為一種產業。

當我們為了特定的角色尋找、調查與媒合領導人時，數據可以讓工作變得容易，或是起碼速度更快、成本更低。儘管辨識領導力的技術進步仍處於起步階段，許多創新工具已經可望幫助組織找到更優秀的領導人，並且在過程中破壞了辨識領導力的產業。尤其是，我們可以期待下列技術創新，幫助我們發現天賦或潛能的新訊號：

勞動力分析

我們大部分工作時間都掛在線上，因而留下大量的
數位足跡，包括許多個人的行為、偏好與想法。於是，
有些組織評估人才的方式是，監測與衡量日常的員工活
動，以取得潛能、敬業度與績效的新訊號。

大型海外電話服務中心是這個領域的先驅。多年
來，他們追蹤員工撥打多少電話、休息多久、解決多少
顧客問題，以及顧客留下的滿意度評分。在未來，當組
織要在各種不同的工作（包括管理職與領導職）上部署
相同的做法時，科技可以讓過程變得更容易。

例如，公司將能運用電子郵件的往來數據預測銷售
與獲利，以及衡量團隊的敬業程度，這是評估團隊領導
人表現非常直接又可靠的標準。追蹤日常行為會產生龐
大的數據量，遠比人類所能理解的範圍還要龐大，於是
組織就能愈來愈仰仗演算法，從內部數據來汲取個人、
團隊以及組織的診斷結論。儘管有些員工可能會拒絕讓
演算法蒐集個人數據，但是採用這項技術方法的合理原

因至少有二項。首先，員工的電子郵件往來以及其他工作相關數據，是表明員工績效的合法資料來源。畢竟，工作是員工該做的事。第二，即使這些數據不夠完整，它們還是可能比較準確，而且由電腦演算法產生的分析也比人類管理者的偏見更少，人類管理者有私心，而且經常無法密切關注每一個人的表現。

網頁抓取

　　組織也將運用演算法挖掘人們的外部數據，將他們的網頁與社群媒體活動轉化成對工作潛能與才幹的定量推估（quantitative estimate）。*有一份大約從2012年開始的研究顯示，這種方法被廣泛稱為「網頁抓取」（web scraping），能協助雇主獲取對員工的IQ與人格可靠的評估。[13]應徵者的數位足跡包括他們特意蒐集與宣揚的資

---

* 將研究對象的特質、特徵、與其他事物或個體的相互關係等轉為數字，從數量上進行研究分析的一種測驗。

訊（例如LinkedIn的背書與推薦），還有同事、客戶、朋友與家人在非職業平台（如臉書或Instagram）上發布的評論、照片與影片。

如我們所料，現在有許多行業，例如風評網（Reputation.com），不光是幫領導人監測，還協助整理他們的網路形象。顯然，網頁抓取有道德與法律上的隱含問題，特別是企業在審核過程中，要求求職者交出社群媒體密碼的時候。已經有許多的企業對求職者提出這樣的要求，使得美國至少有23州提出法案或是考慮立法禁止這樣的做法。同時，歐盟則制定嚴格的政策《一般資料保護規範》（General Data Protection Regulation），限制企業未經消費者同意不可挖掘數位記錄。儘管現在對於「可以知道應徵者的哪些資訊」與「應該知道應徵者的哪些資訊」有清楚的差異區別，但是企業還是可以在不傷害隱私權的情況下，明白要求應徵者選擇或接受企業對他們進行數據分析，因而輕易採集到數位記錄。當應徵者看見潛在優勢，例如工作地位有所改善或是能夠展現自己的才能，可能會有大量的應徵者同意AI演算法將他們早已「免費」放送的數據資料（多數是為了行銷的目的）轉化為對求職有幫助的實用工具。例如，假設我的臉書資料顯示我是外向者，我可能會考慮從事銷售或公關工作。或是假如我的推特資料指出我有強烈的好奇心，我可能會尋找能提供較多學習機會的職缺。或是假如我的Spotify播放清單透露我是個容易情緒起伏不定的人，我也許會考慮在接受領導職位之前，上一些指導或管理憤怒的課程。

遊戲化

　　在評估潛能的脈絡中，遊戲化（gamification）意指創造有趣的IQ或人格測驗（或起碼比傳統的評估工具更好玩，傳統評估工具歷來都很冗長而且沉悶），讓參與者解開謎題或是完成挑戰，贏得點數與徽章。像這樣強化使用者體驗的目標，是為了增加回應的比例。藉由提供免費、好玩的線上測驗，並且提供立即的開發回饋意見，企業可以吸引成千上萬的受試者投入。

利潔時（Reckitt Benckiser）、[*]紅牛（Red Bull）與勤業眾信聯合會計師事務所（Deloitte）是幾間仰賴遊戲化評估方式來評估潛在應徵者的公司，尤其是針對千禧世代（Millennials）做評估。[†]開發者還是得努力消弭有趣與準確度之間的落差，而且遊戲化的測驗在創造與經營上，成本多半比傳統的問卷調查高昂許多，特別是如果他們力圖結合電視遊戲的外觀與感受，以及科學評估的準確度，就更加昂貴。即使如此，雇主對於這種具有娛樂效果的測驗技術還是很感興趣，因為它能把手伸向應徵者之外，幫助組織辨識出更多的高潛力人才，並且有效的行銷這個組織是個有趣職場的形象。

智能徽章

修門奈資公司（Humanyze）是由麻省理工學院

（MIT）的人員建立的公司，在發明「人力分析」（people analytics）一詞的班・魏柏（Ben Waber）帶領下，以感應器捕捉員工與領導人的動靜、溝通狀況，甚至是心理反應（如壓力、興奮與無聊）。光是藉由分析匿名的集團層級數據（group-level data），*他們就能協助組織辨識職場關係中看不見的資訊，好比公司裡隱藏的權力動態。

　　例如，最近發表在《哈佛商業評論》上的一份研究裡，魏柏與團隊著手破解大型跨國企業裡的男女行為差異，並且進一步探討，這些差異的部分原因是否可以解釋為女性在資深領導位階裡占比偏低的緣故（文章中提及，占比僅有20％）。[14]研究人員蒐集的數據包括上百位員工的電子郵件、會議行程還有所在位置，範圍橫跨所有資歷位階，歷時超過4個月。其中別具意義的是，員工配戴感應器時所蒐集到的數據。感應器記錄下誰跟誰在何時何地說過話，彼此溝通花了多長時間，以及是

---

* 指的是以一個地域與（或）時間區段的群體作為研究對象而得出的分析資料。

誰主導每一次的對話。魏柏的團隊本來期待發現男女之間在動機與社交習慣方面的行為差異：「搞不好女性能找到的導師更少，跟管理人員面談的時間更少，或是在跟高層領導人交談時沒有男性那麼主動出擊。」然而，結果顯示男女之間在工作上沒有顯著差異：「女性的聯絡次數跟男性一樣，花相同的時間與資深領導人面對面，而當男性與女性的職位相同時，她們的時間分配與男性相當。我們看不見他們正在做哪種類型的專案，不過我們發現，在他們上網的時間裡，工作模式看不出明顯差異，在集中火力工作或是面談時，兩性也一樣沒有明顯差異。在績效評估時，雙方在統計上成績也相同。在每一種資歷階層上，狀況都是如此，可是女性的升遷還是比不上男性。」

那麼，顯然起碼在這家公司裡，並沒有正當理由可以解釋，為什麼資深領導職位上的兩性比例懸殊。如果男性跟女性的做法相同，績效也相同，男性比較容易成功的唯一解釋，就是他們獲得優待。重要的是，科技讓組織能夠獲取與處理最細微的日常行為數據，將原本看似是主觀意見的議題一一展示出來。

網絡分析

　　網絡分析（network analysis）還沒有被廣泛運用於辨識領導潛能，但是我們早就應該這麼做。網絡分析著眼於人們的電子郵件，從中找出通信的頻率、時間，還有在工作上積極聯繫的內部與外部人數有多少。這項分析中的數據資料，也能揭露當人們需要專家或他人協助時，會去找誰。有意思的是，網絡分析也會揭露誰是企業官方的領導人，誰又在組織內部暗地裡行使領導權，甚至指出這兩者之間的顯著差距。例如，研究顯示，主要推動創新的人（指透過新構想積極將創意轉化為實際創新成果的人）與正式的創新領導人，兩種角色很少重疊。[15]此外，許多高階領導人和組織的核心網絡隔閡太深，導致他們無法發揮預期中的影響力。在未來，組織可望運用社交網絡分析，不光是將互動的動態視覺化，還能用於辨識內部的領導力，特別是他們對於有潛能的領導人感興趣的時候，更能派上用場。

在這個全世界有一半的人掛在網路上、而且iPhone的每日銷售數量超越人類出生人數的時代，數據人才管理工具幾乎無可限量，特別是有愈來愈多人把生活儲存在網路空間。但是，就算是為了開發這項潛力，這些以AI為基礎的新奇工具，還是得符合法規與倫理標準，而且要具備足夠的準確度。如果這些工具能符合要求，那麼組織將因為能夠更深入、廣泛的評估人才而受惠，吸引與聘用到更優秀的領導人。

第 **8** 章

領導人如何才能進步？

　　不論用什麼標準來衡量，約翰都是糟糕的領導人。
大部分的直屬部屬不尊重約翰，討厭他分派的工作，其
他人則漠不關心，由於他沒有為部屬提供方向或是回饋
意見，他們對工作也毫無頭緒，因此表現不佳。可想而
知，他的團隊在各項績效指標的評分中一直都墊底，不
管是銷售、生產力、創新還是獲利都敬陪末座，只有人
員流動率居高不下。確實，只有別無選擇的人才會為約
翰工作超過兩年以上，而他們會留下來，純粹是因為沒
得選。約翰的主要問題之一，是他的個性。他既沒有比
別人聰明，也不會特別認真工作，而且還缺乏人際技
巧，很少願意承認錯誤。事實上，約翰自認為他是非常
好的領導人，他對自己的績效表現評價非常高，彷彿完
全看不見自己製造的問題。

　　幸好，老闆說服他跟一位輔導教練合作。僅僅數週
後，約翰的不良行為開始改善，他懂得為團隊提供明確
的目標與回饋意見，變得能夠自我批判，做起決策也更
加精明。對他的團隊來說，這種轉變實在太大，他們馬
上就意識到約翰的改變，並且將他視為一個全然不同的

領導人與個體。結果，約翰團隊的表現變好，不只敬業度提升，也沒有人員流動，銷售、生產力與獲利數字同時如煙火一般往上直衝。「約翰是組織裡最好的主管」的名聲就此傳開，突然間，公司裡最有才幹和企圖心的人都想要為他工作，或是模仿他成功的領導準則。

這樣的故事難以置信，以至於根本沒有一個虛構的角色描述這樣的領導力轉變。是的，我們的朋友約翰完全是杜撰的人物。想想看，不管是真實或虛構的勵志故事當中，總有人從極端貧窮變得超級富有，從病況令人擔憂到變成過度關心健康的怪咖，還有人從無知者變成智者。然而，我們甚至懶得編造一則故事，讓糟糕的主管變成令人讚嘆的領導人。不過，就算有這種故事，也可能會被歸類為科幻小說。相反的，就像前幾章的說明，現實人生中從來不缺領導人從優秀變墮落的例子。從優秀到墮落的路，似乎比從墮落到優秀的路還要好走很多。

為了勝出而培養領導力

無論組織有多麼擅長發現與吸引具有領導潛能的人，這些人都必須能把他們的潛能轉化成行動。也許更重要的是，當組織並不特別擅長發現人們的領導潛能，或是不依據潛能來選拔領導人的時候，自然必須投注資源發展領導力。近期一份針對2,500名業務員與人資領導人的調查發現，86％的組織認為領導力發展非常重要，或是必須優先處理，甚至是迫在眉睫。[1]

許多組織相信領導人的能力可以改善。有80％的人才管理預算都投注在員工的學習、培訓與發展等干預措施上，而且這筆費用大都留給了領導人。哈佛商學院的麥可・彼爾（Michael Beer）估計，全世界各種組織每年大約花費3,600億美元來改善人員的績效。[2]他提到儘管有大手筆投資，組織還是無法如願看到領導人的進步，特別是高階領導人根本不努力改變現況。

花費資源栽培所有員工固然是好事，但是對領導人進行干預措施，通常可以獲得最高的投資報酬率。領導人會影響許多人員、流程與成果，一旦領導力有任何改善，都會擴散影響到整個組織與其他員工。[3]如同知名的帕列托法則（Pareto principle）指出，*在任何團體或組織裡，只有一些人（通常不會超過20％）會產出80％的生產力，除了極少數的例外，這些不可或缺的少數人才都將成為領導人。

　　不過，典型領導力發展的干預措施，無法可靠的衡量改變程度，還特別無法衡量關鍵績效指標。值得注意的是，整合分析報告中顯示，許多干預措施沒有成效，有一些還產生負面結果，實際上讓領導人的表現變得更糟。[4]有一份對組織回饋意見的全面檢討報告（這可說是領導力發展干預措施中最重要的一項措施）顯示，有30％的機率，回饋意見最終會讓領導人失去有效的領導力。[5]其中最令人震撼的是，組職投入愈多資金進行干預措施以來改善領導品質，人們對領導人就愈沒有信心。[6]

---

* 帕列托法則就是知名的80／20法則。

增加領導力的6項科學教訓

　　從領導不力變成領導有方並不容易，但是有強力的
證據證明，設計精良的領導力發展計畫（儘管很少）的
確有效。所以，有些方案確實可行，只是它們之所以有
效，是因為這些計畫能讓領導人意識到他們的局限，說
服他們把有害的習慣改成有效益的行為，並且把這些習
慣與關鍵業務績效指標結合。有許多方法能正確達成目
標，只要幫助領導人改善，就能幫助組織提高績效。也
就是說，我們必須知道有哪些原因阻礙或限制領導人，
讓他們難以改善。以下是6個從科學中得到的教訓。

1. 有些人格特質難以改變

　　領導天賦和所有人格特質一樣，都來自成長經驗。
想想運動跟體能的關係：原則上，人人都能成為運動
員，但這不代表每個人成為好運動員的機率都一樣；而
領導力和其他心理特質的關係也是如此。例如，第7章

提到智力是領導天賦的關鍵指標，但是如果沒有適當的環境刺激，就無法開發。[7]當聰明的孩童獲得精神激發（mental stimulation）的機會遭到剝奪，他們長大後肯定會在智力上落後獲得充分精神激發的孩童。此外，智力的早期表現能可靠的預測一個人往後會變得多聰明。[8]你在5歲時跟其他人相比有多聰明，可以精準的預測你在50歲時跟其他人相比有多聰明，而且，這兩個年齡的排名結果差異不大。

　　許多形塑領導潛能的關鍵啟發經驗，發生在領導人非常年輕的時候，甚至是在他們踏入職場或是被納入領導職的考慮人選之前。從這層意義來看，正如威廉・華茲渥斯（William Wordsworth）的名言所說：*「童年可以決定一個人的未來。」關於領導能力最常見的疑問就是：「領導人是天生的，還是後天養成的？」而最合理的答案是，兩者都是。就像一位科學家明智的觀察到：「詢問一個人的作風或特質受到遺傳還是環境的影響比較

---

* 英國浪漫主義詩人，與雪萊、拜倫齊名。

大，這個問題非常荒謬，這就像是在問地下室漏水應該歸咎於地基有裂縫，還是外頭有水滲進來。」[9]

領導力和其他人格特質一樣，一半天注定、一半靠打拚。透過行為遺傳學的研究，我們可以得知形成這種二元性的原因。有一項研究比較異卵雙胞胎（DNA有50％相同）與同卵雙胞胎（DNA是100％相同）的領導力衡量指標，發現領導力評分會隨著遺傳的相似度增加而提高。[10]儘管領導力的遺傳影響力比不過身高（90％）和體重（80％）的影響力，但還是有大約30％領導潛能是由遺傳決定。[11]不過，就算「天注定」的比例偏低，對領導力發展產業以及希望提升領導才幹的人來說，似乎是好消息，我們還是未必理解或是能夠控制剩下「靠打拚」的70％。事實上，比起提升領導績效，我們更擅長預測。如果我們要讓一隻動物爬上樹，我們最好趕快去找松鼠，而不是開始訓練一條魚。

AT&T在1970年代率先進行領導力評估、設立領導力成長中心，以及針對上百名領導人實施高度結構化與標準化的計畫，並且評估培訓造成的影響與人才的後續

領導績效表現。他們的主要發現是，領導有效性的可預
測程度非常高；在培訓前與培訓後，依照領導人表現所
做的評分中，排名明顯沒有變動。原因並不是培訓不恰
當，而是培訓沒有改變每個人既有的績效落差。同樣
的，近期一份整合分析報告針對個人工作表現進行調
查，並且探討有哪些方面可歸因於刻意練習與訓練。[12]
研究人員檢視各個領域與行業，發現在規則明確、績效
可以客觀衡量，而且不太需要即興創作的領域中，培訓
的效果最好。不過，在所有領域中，培訓對工作績效的
影響都很小：遊戲產業占26％，音樂產業占21％，運動
產業占18％，教育產業占4％，而一般產業僅占1％。

　　相較之下，當我們根據5大人格特質，簡單評估領導
人的整體人格特質時，可以發現到，人格特質在辨識領
導人與領導有效性上大約有50％的變異性；也就是說，
你能成為領導人，有一半要歸功於你的人格。此外，就
算要改掉最小的個人習慣，也得花費很多時間和精力，
但是，只要運用標準化的評估工具，就能夠在45分鐘內
快速評估人格特質，而且還可以進行遠距連線測驗。[13]

　　事實上，最近的研究顯示，我們甚至不必對領導人實
施正式的評估測驗，就能預測他們的績效表現。芝加哥大
學布斯商學院（Booth School of Business）有一個經濟學家
團隊，他們運用財報電話會議（earnings calls）的通話數據
來推斷執行長的人格。*例如，外向的執行長每分鐘說的
字更多，說話更鏗鏘有力，善盡職責的執行長會提供更多
細節與以事實為根據的資訊等。這種被動且肯定不夠理想
的人格衡量方式，還是能預測一家公司財務績效的大部分
表現，如現金流、資產回報率和獲利率等。[14]

2. 優良的教練輔導計畫很有效

　　就算領導力的預測勝過培養的效果，精心設計的
教練輔導計畫肯定還是能夠發揮成效。遺憾的是，很少
有組織建立一套嚴謹的流程，評估領導力教練輔導計畫
的投資報酬率。而且，即使有愈來愈大量的科學證據出

---

* 財報電話會議指的是上市公司以電話會議或網路直播討論財報結果。

爐，它們提供的洞見卻不夠充分，這是因為干預措施有
很多，不只如此，也很少有人知道關起門來進行的訓練
課程，實際情況究竟如何。[15]從根本上來說，領導力的
教練輔導計畫不是純科學，它有一部分是藝術，所以不
同的教練之間，會產生非常大的效果差異。教練輔導計
畫的成功，很大一部分取決於教練的本事與技能，而且
我們已經發現，教練的性格特質與行為比輔導方法更加
重要。[16]

　　要改善領導人的績效表現，最常見的干預措施是為
高階主管聘雇教練，其中包含教練與領導人的一對一課
程。和心理治療不同的是，領導力教練不光會處理領導
人的各種壞習慣，還會促進關鍵領導能力的發展，讓領
導人更能夠有效領導組織。教練與領導人通常會一一確
認領導人應該開始、停止與繼續保持的行為，以改善領
導績效，而這些改善應該轉為增進團隊表現的力量。

　　人們通常認為，教練輔導的干預措施是要增進社交
能力、內在技巧、人際關係或是軟實力，但是許多教練
都著重在提升領導人的EQ。[17]這些教練致力於讓領導人

更有方法、更輕鬆的處理問題，這對改善績效來說不是
壞策略，因為領導人要解決的關鍵問題，最終還是人的
問題。就像這句至理名言所說：「有些人是走到哪裡都
會帶來快樂，但有些人是離開的時候才讓人開心。」〔偶
爾會有人說這是出自奧斯卡・王爾德（Oscar Wilde）。〕
當領導人屬於後者時，EQ訓練會特別有用。

　　沒有任何一種干預措施能將領導人的EQ（或其他
能力）從0％進步到100％，但是合格的教練輔導計畫可
望產生平均25％的改善。阿姆斯特丹大學的提姆・席布
（Tim Theeboom）和同事針對這個領域，發表了一份意義
重大的整合分析報告，他們分析46份教練輔導計畫影響
力的獨立研究後發現，經過教練輔導的人當中，有70％
的人可能贏過沒有接受輔導的人。[18]針對關鍵的EQ領域
進行教練輔導，能夠改善應對技巧、壓力管理與自我調
節（self-regulation）能力，*其中自我調節是激勵、影響

---

* 透過自身的觀察與經驗對外在行為的結果進行判斷，並且藉此修
　正自我的行為。又稱為「自我規範」。

領導人設定與達成目標的核心能力。有證據顯示，就連
EQ能力當中偏向生物學的面向，例如同理心，都可以調
教。例如，神經心理學的研究顯示，經過適當的教練輔
導，人們可以變得更加利社會、更偏向利他主義，更有
同情心，而這樣的轉變也顯示在大腦影像的研究當中。[19]

　　最成功的教練輔導課程，著重在改變領導人的行
為。要透過領導人的影響力去改善組織成果，有效的領
導人行為當然是必要條件。[20]畢竟，領導人的實際作為
比他的想法更加關鍵。所以，好的教練能幫助領導人選
擇更有效的作為，取代會帶來反效果的行為。例如，如
果領導人傾向對部屬進行微觀管理，教練或許會培養他
們給人更多自主權的習慣。反之，如果領導人發現他們
對部屬太過放任，或許想要把自己訓練成介入更多、提
供部屬明確的指示與回饋意見，並且更詳細的監測大家
的績效表現。我們以往都認為，領導人應該聚焦在原本
就做得很好的事情上，領導力才會提升，然而以上提到
的教練輔導方法，都跟我們的認知大相徑庭。

3.注意領導人的優點

　　打從21世紀以來，最有名的教練輔導方法就是優勢
輔導（strengths coaching），這套方法的立場是領導人不必
擔心自己的缺點，而是該專心加強正向特質。優勢輔導在
許多人資部門都有狂熱的追隨者，亞馬遜網站上的相關
書籍超過800種。其中包括蓋洛普績效管理公司的暢銷書
《優勢探測器》（*StrengthsFinder*），根據報導，財星500大
企業每年有160萬名員工把這本書當作參考書使用。[21]

　　雖然做自己本來就很拿手的工作任務肯定比較輕
鬆，特別是如果我們喜歡這些工作（例如舉辦發表會、
制定策略、事業開發和給予回饋意見）時又會更輕鬆，
但是這樣做必須承擔忽視自身局限的風險，尤其是想要
改善、進步的時候風險更大。事實上，負面的回饋意見
最實用，也就是特別指出潛能或績效不足的回饋，它能
凸顯出領導人的現況與理想狀態之間的差距。[22]此外，
假設領導人能夠從開發新優勢（也就是目前還沒有的能
力）中受惠，那麼以強化優勢為基礎的干預措施自然毫

無用武之地。

　　最後，任何事情最好都採取中庸之道；唯一的例外是中庸本身。就算是正向人格特質，太過極端也會有反效果。例如，太過拘泥細節可能就會變成完美主義與嚴重的拖延症；自信可能會變成自大、冒險與傲慢；企圖心可能會變成貪婪，而想像力可能會變成搞怪。當我們選擇具備這些人格特質的領導人，又把大家放在一個會加重這些趨勢的環境中，優勢可能會開發過頭。

4. 自知之明不可或缺

　　自知之明是領導力成長的基石，數千年來都備受重視。位於希臘古都德爾菲（Delphi）的阿波羅神廟在入口處便刻寫著：「認識自己。」蘇格拉底主張，本質上他的智慧來自接受自己的無知。有鑑於人們普遍無法體認到自己的局限，而且當他們成為領導人後這個症狀會變得更嚴重，因此領導力發展的干預措施，應該把重點放在提升領導人的自知之明。研究顯示，高績效領導人有一項明確的特徵就是，他們比較有自知之明。[23]於是，由於好的教練方式能提升人們的自知之明，教練輔導計畫經常被認為是一種有系統的回饋意見。[24]

我們需要回饋意見來提升自知之明，並且更加了解自己的優勢與弱點，可是當回饋意見不清楚或是不正確時，回饋造成的傷害會大於好處。同樣的，如果回饋意見只說領導人想聽的話，或是他們早就知道的事，就算回饋意見既清楚又正確，也不會對他們的績效產生正面的影響。

不幸的是，無論在工作上或是其他情況裡，我們天生就不喜歡尋求回饋意見，尤其是負面的回饋意見。你有遇過偶爾會問你「我有哪裡做錯了嗎？」或是「我該怎麼做才能改善？」的老闆嗎？大部分人都沒遇過。

那麼，為什麼領導人不願意收到回饋意見？第一，領導人多半過度自信，他們對自己採取的行動評價過高，高過他的實際表現。第二，在大多數文化當中，特別是西方世界，尋求回饋意見是一種軟弱的表現。確實，在表現與學習之間有一種自然而然產生的緊張關係，大多數領導人過度聚焦於表現，不在意學習。我們都需要一點謙虛的態度，才能接受我們需要學習一點東西，然而領導人即使知道這一點，也多半沒興趣把他們的局限公諸於世。

上述種種因素，促使組織運用數據驅動化的工具，例如360度評估與人格報告（personality reports），來協助領導人開發回饋意見。有一份針對全球1,361名企業經理人的對照實驗研究顯示，以回饋意見為基礎的教練輔導方法，可以提高經理人徵詢意見的傾向，而且一年後他們的績效表現都有所改善。[25]

5. 要違抗抗本性並不容易

儘管我們每天做決定的次數多到數不清，而且大部分的人肯定都覺得自己掌控著這些選擇，然而即使我們的決定看起來是經過合理規畫的結果，我們的行動還是完全可以預測。[26]於是，當我們檢視其他人的行為時，會發現人類的可預測性一點也不讓人意外。因此，其他人自然也不會對我們的行為感到太驚訝。我們並不是無法改變，而是我們不願意付出努力改變。有一句廣為流傳的格言這樣說：「人人都想上天堂，但是沒有人想死亡。」我們不想改變，我們想要的是改變帶來的美好成果。當然，在任何特定情況下，我們都能做出大量決定，但是就算我們有做決定的自由，我們的選擇還是一成不變。

用來定義我們是誰的大部分習慣，已經像水泥一般牢牢黏著我們很多年，而這些習慣不管要拋棄還是改變，都一樣很花時間。請想想我們的新年願望，即使它是我們打從心底想要改變的行為，還是確實、可以衡量的行為，而且要不要改變完全操控在我們的手上，平均來說，我們在頭幾個月就已經放棄實現它。[27]顯然，當我們必須改變的是我們沒有特別渴望改變的事物，或是當改變取決於許多其他因素，以及當結果難以判斷時，情況會更具挑戰。如果無法確定自己能否達到目的，就算知道想要達成什麼目的也沒有意義。

根據報導，大部分的人都想要改變個性中的某些面向。例如，研究顯示，各年齡層當中，大約都有80％的人想要提升情緒穩定度、外向性、親和性以及經驗開放性，或是盡責性；這些改善將等同於提升EQ，從而提升領導潛能。[28]同時，研究顯示，即使沒有刻意的干預措施，我們還是可以看見大部分的人身上出現兩種人格特質的改變。[29]

第一，當人們年紀漸長，會傾向於變得比年輕時稍微無趣。他們的親和性與盡責性會提升，但是經驗開放性會下降。我們把這種變化稱為心理成熟，但其實只是變無趣的委婉說法。

第二，當領導人改變時，他們通常會變得更愛誇大吹牛。心理學原理中的利基選擇（Niche picking）可以解釋這種傾向，意思是我們天生就會尋找適合自身個性的體驗。當我們尋找這些熟悉、偏好的活動，我們的癖好就會被強化。例如，個性外向的領導人會找出可以結交新朋友、成為關注焦點，以及表現得更樂觀、更有活力的場合，因此，這些場合會讓這些領導人變得更朝氣蓬勃有活力，也更能與他人交流、更加受到矚目。

總之，大部分領導人都已經準備好要展現優勢，而且他們在這一點上都做得很好。有效的領導力成長必須讓這種傾向取得平衡，協助領導人對抗天性，達成他們從未達成過的目標。如果以激勵演說家吉格・金克拉（Zig Ziglar）的話來說，就是：「你改變的不是你決定的目的地，你改變的是路線。」[30]

6.「受教」是領導潛能不可或缺的一部分

矛盾的是，教練對於最不需要輔導的人幫助最大。確實，每個人從教練與領導人發展的其他干預措施中會獲得不同的好處。例如，領導人的好奇心會決定他們願意為了提升技能與專業，尋求多少的成長回饋意見或是經驗。每當組織提供各種學習與成長課程給員工時，那些報名參加的人通常是比較不需要上課的人，而那些需要上課的人通常不會報名。

當領導人夠幸運，能夠獲得針對潛能或表現的準確回饋意見，他們也不見得每次都會採納。愈是謙遜、有同理心與自知之明的人，愈有可能利用重要的回饋意見，並且將它轉化為自知之明的收穫。[31]反之，只要想像一下輔導普丁或希爾維奧・貝魯斯柯尼（Silvio Berlusconi）就好，*過度自信、自戀與缺乏同理心的人，即使得到最能幫助他們成長的回饋意見，他們也無動於衷，因此很有可能不會從中受益。此外，就算領導人願意尋求成長的機會，並且採納回饋意見，他們也只有在被說服需要改善的情況下，才會做出正向的轉變。就像一則老笑話說的：「只要燈泡真的想要改變，換燈泡也只需要一位心理醫師就綽綽有餘。」最後，當領導人想要改變時，他們也需要極大的意志力與毅力，才能維持建立更有效的習慣、讓聲譽更好的行為，而這一切特質都取決於領導人的性格。

總之，糟糕的領導人比較難變成有才幹、激勵人心或是高績效的領導人。他們的確可以改變，但是大部分領導人的改善程度非常小，跟他們過去的表現差不了多

---

*　二戰之後執政最久的義大利總理，現為歐洲議會議員。

少，特別是沒有人干涉的時候，他們就更難改變。人性
中的惰性太強，因此專業的成長干預措施（例如高階主
管教練輔導）不可或缺。不過，要改善領導人的素質，
更有效的策略是把更多時間精力與資源用在甄選有才幹
的人，幫助他們坐上領導的位置。這和其他任何領域都
一樣，預防勝於治療；當我們不必在兩者之間做抉擇
（預防與治療還是都應該進行）的時候，只要用正確的方
法選出領導人，他們就比較有可能進步。

第 **9** 章

評估領導人的影響力

　　1983年，當米拉・「米奇」・德瑞克斯勒（Millard
"Mickey" Drexler）接下 Gap 執行長職位時，這位美國零
售業的指標性人物承受了龐大壓力，必須在快時尚產業
中追上新一波的競爭對手。德瑞克斯勒著手實施激進的
改造計畫，其中包括許多大膽的改變。例如，他們不再
販售競爭對手的產品，希望消費者會因此開心的改為購
買利潤更高的 Gap 產品。在此之前，Gap 主要販售 Levi's
的產品，其次才是販售自有品牌的產品。這個策略形成
的滔天巨變也讓這家公司重新定位，以往專注服務年紀
較長與比較富裕的客層，然而新的焦點要求針對 Gap 的
服飾產線與門市進行徹底的改頭換面；他們的新面貌後
來成為時髦蘋果門市的設計靈感來源。這家科技商店的
開放空間採極簡設計，有大量自然採光，鼓勵員工與顧
客之間不拘禮節與頻繁的互動。這種設計能促使顧客與
產品廣泛互動，盡可能待在店裡愈久愈好。德瑞克斯勒
是蘋果的董事會成員，他經常被形容成「零售之王」或
是「零售業的賈伯斯」。

　　Gap 很幸運，德瑞克斯勒的策略值回票價。他在 Gap

上任不到20年，公司的年銷售額就從4,800萬美元成長到136億美元，Gap也成為美國人生活中不可或缺的一部分，以及最受青睞的全球品牌。德瑞克斯勒推出的產品既時尚、價格又實惠還很輕便，因此促使美國人改變上班時的衣著，各地的辦公室都約定俗成，將週五定為便服日，讓員工在週末來臨前提前穿著輕鬆一點。

德瑞克斯勒的變革影響力對於為他工作的人來說不足為奇。儘管他以務實嚴肅、直言不諱的作風而聞名，但還是贏得每一個人的欽佩與愛戴。很少人像他這麼賣力工作，他親力親為推動公司成長的方式，結合他敏銳的判斷力、專家的決策力與對趨勢的嗅覺，讓他成為一位卓越的領導人。

不過，Gap在2002年因為業績成長與年營收下滑而開除德瑞克斯勒，這讓許多觀察家認為，他不是維持Gap長期榮景的適合領袖。儘管德瑞克斯勒轉任J.Crew的執行長後讓營收翻倍、把品牌變得家喻戶曉，*但他最後還是

---

* J. Crew 是美國時尚品牌。

因為銷售量下滑而辭職退休，Gap 的情節再次上演。

雖然德瑞克斯勒的經歷獨一無二，但是他與其他領導力的個案研究還是有一些共通點：只用一個人當樣本，不可能得出結論。此外，領導的寓言故事是成功還是失敗，取決於結局寫得如何。

要評估領導人的影響力，依舊困難重重

故事使人買單，但數據會說話。因此，如果我們想要理解為什麼某些人是比較優秀的領導人，或是每個人是不是都能成為好的領導人，就需要超越針對個人的個案研究，深入探討卓越領導人的傳記描述。我們必須探索大型、能檢驗與巧妙處理上百項變數的資料庫，就像心理學家厄爾‧洪特（Earl Hunt）說過：「複數的趣聞不能算是數據。」

我們需要一套系統化的流程與定量分析工具，以挖掘大量的數據。在過去數百年來，眾多科學家投注大量

時間與精力，找出領導天賦的關鍵指標。[1]主要問題不是
缺乏研究，而是研究過多。側寫領導人影響團隊與組織
的資料太多了，多到簡直數不清。相反的，廣受歡迎的
部落格與業界的顧問，提供令人難忘的趣聞與動聽好記
的公式，將領導潛能歸納成一種包山包海的重要能力，
或是幾個具有神奇力量的要點。

　　儘管這些都著眼於領導力的成功，但大部分領導人
多半還是領導不力。他們表現不佳的理由很多，但是共
同的根本問題是各種類型的領導能力不足。也就是說，
領導人的個人成功與團隊的成功脫節。

　　更確切的說，像是自信、自戀、精神病態與領袖魅
力等幫助個人職涯升遷的特質，沒有提高他們帶領的團
體成功機率。顯然，如果我們剔除而非獎勵具有這類特
質的人，情況會好一點。團隊與組織的成功，比個人的
功成名就更重要，特別是當個人的勝利反而傷害團體裡
其他成員的時候。

　　但是，在德瑞克斯勒的個案裡，很難衡量領導人
帶來的影響。事實上，因果關係難以衡量的狀況相當普

遍。想想大自然中的這種難題：經常有啄牛鳥被拍攝到棲息在大型哺乳類動物（例如長頸鹿與河馬）身上。這些色彩繽紛的非洲禽鳥，看起來是實現共生這種互利關係的經典案例。據說這些鳥以壁蝨等寄生蟲為食，可避免它們傷害宿主。但是科學家發現，實際狀況並不單純。相較之下，沒有啄牛鳥棲息的牛，身上出現壁蝨的可能性比較低。而且研究人員注意到，啄牛鳥會等到壁蝨吸飽血才吃掉它們，幾乎沒有幫上可憐的哺乳動物一點忙。至今，依然有科學家辯論不休，爭論這些鳥對於牠們棲息的動物來說，到底是有幫助還是有害。

嘗試釐清領導人的優劣，就像是在試著釐清啄牛鳥到底是益鳥還是害鳥。這個坐在公司高位上的人是在解決問題呢？還是製造更多必須解決的問題？在缺乏可靠數據資料的情況下，要辨別答案並不容易。

以往，只有在領導人把寄生的足跡留給團隊與組織後，我們才能看清楚數據。然而，即使到了這步田地，還是有人搞不清楚領導人的有害影響。所以，我們才會看到這麼多前官員與前執行長，儘管先前的仕途是在混亂局面中落幕，還是能靠著晚宴後的演講大賺一筆。

　　就算有一家公司採用所謂的達爾文主義，也沒有人能擔保演化的結果將改善領導人的素質。舉例來說，要成為公司執行長或一國元首的過程中或許充滿競爭，但是販毒集團之間的鬥毆也一樣競爭激烈，就算比賽是殘酷的競爭，也不能代表倖存者對組織來說有好處。就像啄牛鳥一樣，某一些能讓一個人打贏達爾文戰爭的特質，未必能讓他們成為更好的領袖，因為適合個人的特質，不見得能轉化成適合團體的特質。

　　身高就是說明這個概念的最佳實例。在美國，6呎高（約182.88公分）的人一生職涯所賺的錢，會比5呎4吋高（約162.6公分）的人多出20萬美元。不過，很少有職缺會把身高當作工作績效的保證。同樣的，身高在驅策人們坐上領導位置上也扮演關鍵的角色。有一份橫跨75年研究成果的綜合回顧顯示，身高與IQ一樣，都能夠有效預測一個人會不會成為領導人，而且不論男性和女性都是如此。[2]而且，身高在政治上更重要。上一次美國選出低於平均身高的總統是在1896年，在近100年的總統大選中，最後兩位候選人裡面，個子比較矮的候選人勝選的機率只占25％。

　　就算選民認為個子高一點的人比較有領導人的樣子，而這種想法可能幫助高個子更有機會成為領導人，但是顯然身高不會讓某些人成為更好的領導人。因此，身高對於想成為領導人的人有幫助（尤其是想成為美國總統的人），然而被高大的領導人帶領的團體，不見得會比被矮一點的領導人帶領更好。把身高當成遴選領導人的標準相當愚蠢，不過，有些無足輕重的特質就是會受到看重，因而影響到結果。例如，由威斯康辛大學王伊蓮（Elaine Wong）帶領的心理學家團隊發現，執行長的臉部寬度與公司各項收入之間有相關性：根據報導，臉寬的執行長跟臉窄的執行長相比，他們帶領的公司獲利多出1,600萬美元（獲利金額經過產業調整）。這些結果的解釋是：寬臉比窄臉傳達出更有力量、更具侵略性的訊息。[3]

當領導人愈來愈高高在上

　　如果我們想要理解現在，甚至是預測或左右未來，我們需要記住過去。這項建議也適用於領導力。確實，要評估現代領導力的眾多面向是一項大工程，遠比過去的評估工作要複雜與困難許多。

　　沒有領導人的生活難以想像。不管是我們還是我們的祖先，只要活著，就是一直過著團體生活，由一個人負責協調集體活動。[4]領導人的這種功能普世通用，就連其他物種，如魚類、鳥類、蜜蜂等，也是這樣運作。這項機制凸顯出領導力的演化起源是，團體當中有一位成員引導其他成員找到有用的資源，設定共同目標與方向，並且促使團體密切合作，為了追求共同目標而努力。因此，領導力演化成為促進團體生存與社會合作成功的基礎機制。這種合作關係的現代範例如巴賽隆納足球俱樂部（Futbol Club Barcelona）等高績效球隊、新加坡人力部（Ministry of Manpower）等政府機構、波克夏‧海瑟威（Berkshire Hathaway）等公司企業，以及瑞典等國家。

但是如今，我們往往很少跟領導人親自接觸。相反
的，在好幾千年以前，我們以漁獵採集為生的祖先生活
在小團體中，能與他們的領導人密切頻繁的互動。團體
成員知道領導人的風評，能準確判斷其他成員的領導天
賦與潛能。此外，這些團體極度民主，並且傾向於依照
共識選出領導人。如我們所料，這個方法帶來高水準的
領導能力，大部分領導人會透過以身作則、理性與和平
的勸說來領導眾人。這些小型的漁獵採集社會甚至採行
平等主義，男女之間的權力差異很小，兩性共同分擔許
多重要職責。[5]

時間往後快轉數千年，現今我們在一個迥異的世界
裡生活與工作。我們在更大的團體裡工作，卻與團隊成
員和領導人的實際接觸最少。在麥當勞這種擁有375,000
名員工、分布在120個國家的公司裡，一位普通員工對執
行長史蒂芬・伊斯特布洛克（Steve Easterbrook）能有什
麼篤定的評論？他們當中有多少人聽過他的名字？同樣
的，當13億印度公民只能在電視上看到總理納倫德拉・

莫迪（Narendra Modi）時，他們對他的認識有多準確？
當然，現代技術能讓我們更容易取得關於領導人風評的
資訊，例如YouTube、臉書和Glassdoor的評論，*但是在
了解他人的潛能上，這些管道不過是雜訊很多又不完整
的媒介，也無法取代頻繁人際往來的經驗。

　重要的是，我們大腦經過數百萬年的演化，所以即
使我們的本能直覺會受到過時的領導模式刺激，要捨棄
它們並不容易。過去一個世紀以來，科學提供有關領導
力優劣樣貌的大量證據，但是這消除不了我們大腦中的
領導力原型。我們對於好領導力的直覺，多半來自代代
相傳或是演化的根源，而不是最新的領導力研究。環境
的變遷帶來的改變之一是，科技帶來全新的工作挑戰，
例如虛擬團隊這種比較難以預測的工作環境，還有人工
智慧的衝擊，我們或許需要不同的領導特質，但是我們
內建的領導模式，未必有辦法跟著迅速改變。

---

* 這是一個讓用戶參與評論企業的網站，任何一家企業的現任和前
　任員工，都可以在這個網站上匿名評論雇主。

　　從早期的人類生活迄今，我們已經走了很長一段路，但是現代文明對領導人拋出許多新挑戰。現今，有效領導人的側寫和我們演化過程中的領導人樣貌大不相同。即使舊的領導力模式到了今天不再有效，它還是依然符合我們想像中的領導力原型。

我們要如何改善現況？

　　領導力是讓許多個體為了共同目標一起合作的過程，在整個人類的演化史上都是至關重要的資源。人類史上每一項重大成就，不管是用火、發明文字、人類基因組圖譜等，都是集體行動的成果，一旦沒有領導力就不可能發生。

　　無論我們的目標是增進女性在領導力方面的聲譽，還是改善領導人的素質，我們都必須應用相同的解決方案：正確理解並且學習衡量領導天賦的方法。然而，這些解決方案說的比做的容易。太多決策者高估他們的直

覺，而且他們的政治意圖又與選出有才幹的領導人相
抵觸，特別是決策者注重自身的意圖勝過組織福祉的時
候，這種狀況又更嚴重。光是知道如何偵測出真正的領
導潛能顯然還不夠，我們還得引進各種衡量方式，在關
鍵角色上任命比較優秀的領導人，並且塑造能夠幫助他
們成功領導的文化。但是，如果我們用來確認一個人是
否具有領導天賦的參數條件沒有修正，自然不會有太多
進步。

　　這正是本書一直要嘗試強調的關鍵：組織可以採取
具體的步驟，同時改善領導人的績效，並且提升女性領
導人的數量。組織可以避免將過度自信、自戀、精神病
態與領袖魅力解釋為領導潛能的徵兆；也能夠承認EQ的
重要性，因為在任何以數據為基礎的領導潛能模型中，
EQ應該都是核心能力；也可以更加留心EQ會同時提升
領導人的素質與女性領導人的數量，藉此提升組織整體
的水準，增強個人效率、自知之明與變革領導力等方面
的能力。

　　儘管有愈來愈多的組織準備採用刻意的干預措施，

藉此提升女性領導人的數量，這固然是進步的象徵，然而更合理的目標應該著眼於甄選出更好的領導人，這麼做也能處理性別失衡的問題。讓更多女性擔任領導職位未必能改善領導力的素質，但是讓更多有才幹的領導人擔任領導職位，將會提升女性領導人的數量。

就根本而言，組織必須理解到，許多早已實施的所謂解決方案會讓問題更惡化。例如，要求女性的舉止更像不適任的男性，刻意自我推銷、裝腔作勢或是在不該挺身而進的時候挺身而進，都只會導致不適任的女性坐上領導位置，對於修正大家對於女性領導人的不公平刻板印象沒有什麼幫助。

同樣的，當我們為人數不足的團體保留名額時，勢必會傳達出這個團體就是能力不足的形象。否則，他們為什麼還需要幫助？會有這種不正確的假設是因為，大家都誤認為我們採取的是菁英領導制度。如果要挑戰這項假設，必須透過承認與對付腐化領導人選舉的政治角力與裙帶關係，而不是藉由正向差別待遇（positive discrimination）來達成目的。

　　促進兩性平權跟提升領導力品質之間沒有衝突。相反的，要提升領導人素質時，如果沒有增加女性領導人的人數，將會更加困難。

　　而且，一般人對於兩性平權跟領導力品質的印象完全相反，也就是說，人們通常認為如果組織高層有更多女性領導人，會被視為反菁英領導。舉例來說，2010年時，由麻省理工史隆管理學院（MIT Sloan School of Management）的艾米利奧・卡斯蒂利亞（Emilio Castilla）與史帝文・班納德（Stephen Benard）帶領的一項研究，調查大約400名有實務經驗的MBA學生，請他們進行紅利獎金分配的假想練習。[6]研究人員要求學生根據經理人的評分，發配1,000美元的紅利獎金給每個人。這個流程遵照許多公司的主流實務做法，由一線管理人員打考績，但是由查核考績的領導人來分配獎金。不過，研究中有一個轉折點：一半學生被告知，這家企業採取的是菁英式管理，意思是分發紅利獎金是為了獎勵員工真實的績效。有意思的是，即使男女的考績分數完全相同，這一組學生傾向發給男性比較多紅利獎金，而且，不光是男學生，就連女學生都一樣有這種分配不公的傾向。[7]
此外，我們可以放心的假設，麻省理工學院的學生跟商
業界的經理人相比，平均來說更加開明、更沒有性別
偏見。因此，要改善領導力的品質，不能只關注績效考
核。我們必須更加清楚組織要尋找的領導力特質：EQ、
智慧資本、社會資本與心理資本。

　　舉個最近的例子，想想毀掉公司聲譽的優步前執行
長崔維斯・卡拉尼克（Travis Kalanick），據稱他掩蓋性
騷擾的控訴，被鏡頭逮到他鄙視一個優步駕駛，在公司
裡驅動生硬粗暴、殘忍無情、以成果為導向的文化。在
任命多拉・霍斯勞沙希（Dara Khosrowshahi）為執行長
之前，這家公司一直容忍這些有害的行為，而這位新領
導人具有更多人們刻板印象裡的女性特質，期望他能修
正公司形象，導正公司文化。

　　就如《紐約客》（New Yorker）最近提到的：「霍
斯勞沙希自從進入這家公司後，就一直扮演奉承、注重
外交、談判與業務的角色。他被優步董事會選上的部分
原因是他的性格親和、不險惡、能夠充滿信心的發表談

話，以消除投資人的疑慮。優步前執行長崔維斯‧卡拉尼克為公司打造出非凡的榮景，但是在他的帶領下，優步也獲得可怕的風評。」[8]

　　儘管現在論斷霍斯勞沙希的表現言之過早，但是優步無疑已經學到慘痛的教訓。這家公司的經驗也能提供重要的個案研究，為那些著重雇用過度自信、自戀、或精神病態的領導人，而非冷靜、有外交手腕與同理心的領導人的企業示範這麼做會產生哪些影響。隨著世界上有愈來愈多人意識到有害領導力的諸多問題，像霍斯勞沙希這樣的領導人將會比較有可能雀屏中選，就算他們是男性。

　　最終，組織必須做出決定。如果他們想要推動社會正義的議程，那麼鎖定增加女性領導人人數作為終極目標自然很合理。但是，如果組織的目標是要變得績效更高、更成功，那麼他們該做的是全面且批判性的檢視他們拔擢的所有領導人，而不光是檢討女性而已。

　　這麼做將產生附帶好處，提升領導階層的女性比例。順便一提，這麼做也能提高有能力的男性領導人比例，因為目前這種阻止有才幹的女性成為領導人的有害標準，也對男性產生不利的影響。

別讓觀念凌駕現實

儘管本書把大量的重點放在支持性別均衡的領導人比例，但是深植在組織的文化與規範中的偏見與刻板印象，無疑在面對這些科學證據時大部分都不為所動。說白一點就是，就算拿出最有說服力的科學證據，還是會被觀念的威力遮蔽，特別是有些觀念根深蒂固到可以創造出一個新的現實，取代真實的狀況。

舉例來說，哈佛大學的法蘭克‧道賓（Frank Dobbin）與鄭智旭（Jiwook Jung，音譯）分析400家美國大型企業董事會的性別結構，以及公司績效的縱向資料。[9]結果顯示，雖然董事會增加更多女性成員並不會改變公司績效，卻導致公司的股價降低。這些發現凸顯出一個令人擔憂的現實：無論男女之間實際的績效差異，人們（在這裡是指投資人）都不太可能改變他們的信念，而信念會驅動決策。

　　結果，女性陷入惡性循環，晉升女性被解讀成會為組織帶來反效果。於是這種印象不是阻礙她們晉升，就是讓她們的升遷產生不良的後果。觀念已經很難改變，但是當現實受到觀念控制，挑戰更是艱鉅。用小布希（George W. Bush）一位前高級顧問惡名昭彰的話來說就是：「我們現在已經是一個帝國，當我們展開行動，就會創造出屬於我們的現實。而當你審慎的研究這個現實時，我們會再次展開行動，再次創造新的現實，你也能琢磨琢磨，事情就是這樣解決的。」[10]

　　這位顧問的坦白令人震驚，因為這個說法如此坦承不諱。通常那些掌控遊戲規則的人鮮少公開透明的坦承他們的影響力，因為這會讓人民感到困惑，他們對制度公平性的信念也會產生動搖。可悲的是，贏家不但改寫歷史，還創造現實，伴隨這種權力而來的是他們會抵抗任何典範改革的能力，無論這些改革有多麼合理、多麼以事實為根基。

　　因此，我們很難證實強化性別多元化能帶來什麼經濟效益。可以肯定的是，以及讓那些熱情提倡多元化的人苦惱的是，「混合」會更有利的假設始終沒有得到精確數據的支持。多元化與財務績效（例如股本回報率、各項收入與獲利）之間有正向相關性的許多證據，大多來自於將非常成功的企業與差他們一截的競爭對手進行比較。由於成功企業通常比失敗的公司更多元化，觀察家便以為是他們的多元化促成兩家企業之間的落差。然而，這類證據完全忽視其他變數（例如企業文化、領導力的品質與員工敬業度）的潛在影響，或是根本沒想到他們可能倒果為因了：成功的企業會更在意多元化，搞不好是因為他們成功到負擔得起處理這個議題。[11]

　　發表在經過同行審閱（peer review）的獨立學術期刊上的科學整合分析，比公司白皮書更能夠克服這些限制，也對性別多元化對團隊與公司績效的影響提供更良好的評估。結果顯示，各行各業之間存在很大的變異性，但是對整體績效的影響非常小，小到多元化與績效之間的整體相關性幾乎是零。在某些回顧研究中，多元化甚至會對績效造成負面影響。例如，昆士蘭大學（University of Queensland）的芮妮・亞當斯（Renee Adams）與倫敦政經學院的丹尼爾・費雷拉（Daniel Ferreira）調查約2,000家美國企業多元化與績效之間的關連後，雖然發現女性董監事占比較高的企業，顯示出財務結果較強的傾向，但是更細微的分析顯示，這樣的影響只是因為，高績效企業有更好的監察委員會發揮應有的功能而已。事實上，在監察委員會善盡職責做好監督工作的高績效企業團隊當中，女性董監事占比愈高，公司績效其實反而會降低。[12]為什麼？投資人（實際上是市場的替身）認為提名更多女性董監事是一種負債。

問題還是在天賦！

　　進步沒有捷徑可走，而我們的性別多元化做法還有很多進步空間，特別是在組織高層上，他們的表現非常重要，因為他們會決定每一個人的成功。好消息是，跟

50年前相比，我們已經改善很多。其中最值得注意的是，女性在職場的占比比過去高出許多，而且還在不斷提高；在大部分國家中，女性已經終止在醫療與教育領域的性別落差，在所有已開發國家的教育領域中，女性占比甚至超越男性。在許多要求大學學歷的產業，像是商業、法律與醫療，因為性別造成的差別待遇都比過去少很多，而在世界上大部分地區，公然歧視不但罕見，而且違法。[13]

不過，壞消息是，我們還有許多進步空間。《經濟學人》最近提到，還有多達104個國家的勞動法規明文限制女性從事某些工作。[14]世界經濟論壇估計，依照目前的薪資成長速率，我們還得再等上217年，兩性才能達到全球薪資平等。[15]也就是說，我們得等到西元2235年才能看見成果。

如果我們想要更好、更有效率的組織與社會，首先最重要的需求是改善領導人的素質。許多極具說服力的證據顯示，如果我們更加倚重女性人才庫，將比較有可能提升領導力，特別是我們必須理解到，那些最有可能驅動正向改革的女性，看起來都與我們現在的典型領導人不同，無論他們的性別為何。此外，更關鍵的是，我們要為那些占比過高、能力不足，卻深諳如何坐上領導職位的男性設下更高的障礙，畢竟他們會對每一個人都造成嚴重的危害。

謝辭

感謝每一位為這本書貢獻己力的人。

我首先要感謝的是《哈佛商業評論》令人讚嘆的莎拉‧葛林‧卡麥可（Sarah Green Carmichael），是她建議我把原本的文章擴充寫成這本書，並且發揮她的編輯才華，為我紛雜的思緒注入一些必要的秩序。我很幸運能跟莎拉共事多年至今；我們的合作既激勵又多產，我也一直從她身上學到很多。

第二，我想謝謝《哈佛商業評論》的其他人，以及報刊評論界的所有人，感謝他們總是迅速、專業、熟練，並且從不辜負他們卓著的聲譽。能在你們的刊物上發表，是我的榮幸。

第三，我想謝謝經紀人吉爾斯‧安德森（Giles Anderson），他讓這個出書企畫成真，也謝謝他代理我的前兩本書：《自信》（*Confidence*）與《一流企業都在用的人才策略》（*The Talent Delusion*）。

第四，我很感謝麥琳（Mylene）與伊莎貝爾（Isabelle），她們為了製作這本書所花費的時間比我最初要求的多很多。

最後，謝謝所有不適任卻成為領導人的男性，他們肯定會成為這本書的最佳推銷員。

注釋

第1章

1. Jennifer Robinson, "Turning Around Employee Turnover," *Gallup Business Journal,* May 8, 2008, http://news.gallup.com/businessjournal/106912/turning-around-your-turnover-problem.aspx.
2. Christopher Zara, "People Were Asked to Name Women Tech Leaders. They Said 'Alexa' and 'Siri,'" *Fast Company*, March 20, 2018, www.fastcompany.com/40547212/people-were-asked-toname-women-tech-leaders-they-said-alexa-and-siri.
3. Judith Warner and Danielle Corley, "The Women's Leadership Gap," *Center for American Progress*, May 21, 2017, www.americanprogress.org/issues/women/reports/2017/05/21/432758/womens-leadership-gap.
4. Tomas Chamorro-Premuzic, "Why Do So Many Incompetent Men Become Leaders?," *Harvard Business* Review, August 22, 2013, https://hbr.org/2013/08/why-do-so-many-incompetent-men.
5. Alice H. Eagly, "When Passionate Advocates Meet Research on Diversity, Does the Honest Broker Stand a Chance?," *Journal of the Society for the Psychological Study of Social Issues* 72, no. 1 (2016): 199–222, https://doi.org/10.1111/josi.12163.
6. Jazmine Boatman and Richard S. Wellins, *Global Leadership Forecast* (Pittsburgh, PA: Development Dimensions International, 2011).
7. Boris Groysberg and Deborah Bell, "Talent Management: Boards Give Their Companies an 'F,'" Harvard Business Review, May 28, 2013, https://hbr.

org/2013/05/talent-management-boards-give.

8. The Data Team, "What the World Worries About," *Economist*, November 24, 2016, www.economist.com/blogs/graphicdetail/2016/11/daily-chart-17.

9. Manfred F. R. Kets de Vries, "Do You Hate Your Boss?," *Harvard Business Review*, December 2016, https://hbr.org/2016/12/do-you-hate-your-boss.

10. Catherine Clifford, "Unhappy Workers Cost the U.S. Up to $5 Billion a Year," *Entrepreneur*, May 10, 2015, https://www.entrepreneur.com/article/246036.

11. Alice H. Eagly, Mary C. Johannesen-Schmidt, and Marloes L. van Engen, "Transformational, Transactional, and Laissez-Faire Leadership Styles: A Meta-Analysis Comparing Women and Men," *Psychological Bulletin* 129, no. 4 (2003): 569–591.

12. 出處同上。

13. Alexander W. Watts, "Why Does John Get the STEM Job Rather than Jennifer?" S*tanford University*, June 2, 2014, https://gender.stanford.edu/news-publications/gender-news/why-does-john-get-stem-job-rather-jennifer.

14. Evelyn Orr and Jane Stevenson, "What Makes Women CEOs Different?" Korn Ferry Institute, November 8, 2017, https://www.kornferry.com/institute/women-ceo-insights.

15. Ohio State University, "Narcissistic People Most Likely to Emerge As Leaders," Newswise, October 7, 2008, www.newswise.com//articles/view/545089.

16. Eugene Webb, *The Self Between: From Freud to the New Social Psychology of France* (London: University of Washington Press, 1993).

第2章

1. Francis Dao, "Without Confidence, There Is No Leadership," *Inc.*, March 1, 2008, www.inc.com/resources/leadership/articles/20080301/dao.html.

2. Victor Lipman, "Why Confidence Is Always a Leader's Best Friend," Forbes, May 9, 2017, www.forbes.com/sites/victorlipman/2017/05/09/why-

confidence-is-always-a-leaders-best-friend/#27892c9047be.

3. Peter O'Conner, "Introverts Make Great Leaders—But Lack Confidence in Their Capabilities," *Quartz*, October 7, 2017, https://qz.com/1097276/introverts-make-great-leaders-but-lackconfidence-in-their-capabilities.

4. Joseph Pearlman, "How to Exude Confidence Even If You Don't Feel It," Inc., June 28, 2016, www.inc.com/joseph-pearlman/this-simple-mindset-tweak-is-behind-richard-bransonssuccess.html.

5. Matt Mayberry, "The Incredible Power of Believing in Yourself," *Entrepreneur*, May 29, 2015, www.entrepreneur.com/article/246720.

6. Philipp Alexander Freund and Nadine Kasten, "How Smart Do You Think You Are? A Meta-Analysis on the Validity of Self-Estimates of Cognitive Ability," *Psychological Bulletin* 138, no. 2 (2012): 296–321, https://doi.org/10.1037/a0026556.

7. Luis Santos-Pinto, "Labor Market Signaling and Self-Confidence: Wage Compression and the Gender Pay Gap," *Journal of Labor Economics* 30, no. 4 (2012): 873–914, https://doi.org/10.1086/666646.

8. Heike Heidemeier and Klaus Moser, "Self-Other Agreement in Job Performance Ratings: A Meta-Analytic Test of a Process Model," *Journal of Applied Psychology 94*, no. 2 (2009): 353–370, https://doi.org/10.1037/0021-9010.94.2.353.

9. Gus Lubin, "A Simple Logic Question That Most Harvard Students Get Wrong," *Business Insider,* December 11, 2012, www.businessinsider.com/question-that-harvardstudents-get-wrong-2012-12?international=true&r=US&IR=T.

10. Justin Kruger and David Dunning, "Unskilled and Unaware of It: How Difficulties in Recognizing One's Own Incompetence Lead to Inflated Self-Assessments," *Journal of Personality and Social Psychology* 77, no. 6 (1999): 1121–1134.

11. David Dunning et al., "Why People Fail to Recognize Their Own

Incompetence," *Current Directions in Psychological Science* 12, no. 3 (2003): 83–87.

12. Bertrand Russell, "The Triumph of Stupidity," in *Mortals and Others: Bertrand Russell's American Essays*, 1931–1935, ed. Harry Ruja (London: Allen and Unwin, 1975–1998), 2:28, available at http://russell-j.com/0583TS.HTM.

13. Heidemeier and Moser, "Self-Other Agreement."

14. S. J. Heine et al., "Is There a Universal Need for Positive Self-Regard?," *Psychological Review* 106, no. 4 (1999): 766–794, https://doi.org/10.1037/0033-295X.106.4.766.

15. Robert Trivers, "The Elements of a Scientific Theory of Self-Deception," *Annals of the New York Academy of Sciences* 907, no. 1(2000): 114–131, https://doi.org/10.1111/j.1749-6632.2000.tb06619.x.

16. Kenny Phua, T. Mandy Tham, and Chi Shen Wei, "Are Overconfident CEOs Better Leaders? Evidence from Stakeholder Commitments," *Journal of Financial Economics* 127, no. 3 (2017): 519–545, https://doi.org/10.1016/j.jfineco.2017.12.008.

17. C. Randall Colvin and Jack Block, "Do Positive Illusions Foster Mental Health? An Examination of the Taylor and Brown Formulation," *Psychological Bulletin* 116, no. 1 (1994): 3–20, https://doi.org/10.1037/0033-2909.116.1.3.

18. Erin Stepp, "More Americans Willing to Ride in Fully Self-Driving Cars," *NewsRoom,* January 24, 2018, http://newsroom.aaa.com/2018/01/americans-willing-ride-fully-self-driving-cars.

19. Nathan Bomey, "U.S. Vehicle Deaths Topped 40,000 in 2017, National Safety Council Estimates," *USA Today*, February 15, 2018, www.usatoday.com/story/money/cars/2018/02/15/national-safetycouncil-traffic-deaths/340012002.

20. Catherine H. Tinsley and Robin J. Ely, "What Most People Get Wrong About Men and Women," *Harvard Business Review,* May–June, 2018, https://hbr.

org/2018/05/what-most-people-getwrong-about-men-and-women.

21. Laura Guillén, Margarita Mayo, and Natalina Karelaia, "Appearing Self-Confident and Getting Credit for It: Why It May Be Easier for Men than Women to Gain Influence at Work," *Human Resource Management* 57, no. 4 (2017): 839–854, https://doi.org/10.1002/hrm.21857.

22. Karen S. Lyness and Angela R. Grotto, "Women and Leadership in the United States: Are We Closing the Gender Gap?," *Annual Review of Organizational Psychology and Organizational Behavior* 5 (2018): 227–265, https://doi.org/10.1146/annurev-orgpsych.

23. Tinsley, "What Most People Get Wrong."

24. Stepp, "More Americans Willing to Ride."

25. Ernesto Reuben et al., "The Emergence of Male Leadership in Competitive Environments," *Journal of Economic Behavior & Organization* 83, no. 1 (2012): 111–117, https://doi.org/10.1016/j.jebo.2011.06.016.

26. Luís Santos-Pinto, "Labor Market Signaling and Self-Confidence: Wage Compression and the Gender Pay Gap," *Journal of Labor Economics* 30, no. 4 (2012): 873–914, https://doi.org/10.1086/666646.

27. Rachel Feintzeig, "Everything Is Awesome! Why You Can't Tell Employees They're Doing a Bad Job," *Wall Street Journal,* February 10, 2015, www.wsj.com/articles/everything-is-awesomewhy-you-cant-tell-employees-theyre-doing-a-bad-job-1423613936.

28. Cheri Ostroff, Leanne E. Atwater, and Barbara J. Feinberg, "Understanding Self-Other Agreement: A Look at Rater and Ratee Characteristics, Context, and Outcomes," *Personnel Psychology* 57, no. 2 (2004): 333–375, https://doi.org/10.1111/j.1744-6570.2004.tb02494.x.

第3章

1. Walter Isaacson, *Steve Jobs* (New York: Simon & Schuster, 2004), 112.

2. Patrick M. Wright et al., "CEO Narcissism, CEO Humility, and C-Suite

Dynamics," Center for Executive Succession, 2016, https://pdfs. semanticscholar.org/2abd/a21c7fe916e9030fccbb0b43b45da5da2dec.pdf.

3. 儘管臨床上對自戀（narcissism）的醫療診斷，與外行人對利己主義傾向（egocentric tendencies）的描述，兩者間的界線很小，但本章將只聚焦於非臨床的說明。任何提到自戀、或是自戀的個人或領導人，都該理解為相對的心理作用與非病理性的情形，因此，在此並未建議討論中的人物應該接受心理治療，或是送進收容機構（即便有，那也是視個案而定）。

4. Sara Konrath, Broam P. Meier, and Brad J. Bushman, "Development and Validation of the Single Item Narcissism Scale (SINS)," *PLoS One* 9, no. 8 (2014), https://doi.org/10.1371/journal.pone.0103469.

5. Arijit Chatterjee and Donald C. Hambrick, "It's All About Me: Narcissistic CEOs and Their Effects on Company Strategy and Performance," *Administrative Science Quarterly* 52, no. 3 (2007), 351–386.

6. Charles A. O'Reilly et al., "Narcissistic CEOs and Executive Compensation," *Leadership Quarterly* 25 (2014): 218–231.

7. Laura E. Buffardi and W. Keith Campbell, "Narcissism and Social Networking Web Sites," *Personality and Social Psychology Bulletin* 34, no. 10 (2008): 1303–1314.

8. Ashley L. Watts et al., "The Double-Edged Sword of Grandiose Narcissism: Implications for Successful and Unsuccessful Leadership Among U.S. Presidents," *Psychological Science* 24, no. 12 (2013): 2379–2389, https://doi.org/10.1177/0956797613491970.

9. Amy B. Brunell et al., "Leader Emergence: The Case of the Narcissistic Leader," *Personality and Social Psychology Bulletin* 34, no. 12 (2008): 1663–1676, https://doi.org/10.1177/0146167208324101.

10. Klaus J. Templer, "Why Do Toxic People Get Promoted? For the Same Reason Humble People Do: Political Skill," *Harvard Business Review*, July 10, 2018, https://hbr.org/2018/07/why-dotoxic-people-get-promoted-for-the-

same-reason-humble-peopledo-political-skill.

11. Emily Grijalva et al., "Narcissism and Leadership: A Meta-Analytic Review of Linear and Nonlinear Relationships," *Personnel Psychology* 68, no. 1 (2015): 1–47, https://doi.org/10.1111/peps.12072.

12. Emily Grijalva et al., "Gender Differences in Narcissism: A Meta-Analytic Review," *Psychological Bulletin* 141, no. 2 (2015): 261–310, https://doi.org/10.1037/a0038231.

13. 出處同注釋12。

14. 出處同注釋12。

15. Timothy A. Judge, Beth A. Livingston, and Charlice Hurst, "Do Nice Guys—and Gals—Really Finish Last? The Joint Effects of Sex and Agreeableness on Income," *Journal of Personality and Social Psychology* 102, no. 2 (2012): 390–407, https://doi.org/10.1037/a0026021.

16. Barbara Nevicka et al., "Narcissistic Leaders: An Asset or a Liability? Leader Visibility, Follower Responses, and Group-Level Absenteeism," *Journal of Applied Psychology* 103, no. 7 (2018): 703–723; https://doi.org/10.1037/apl0000298.

17. Virgil Zeigler-Hill et al., "The Dark Triad and Sexual Harassment Proclivity," *Personality and Individual Differences* 89 (2016): 47–54, https://doi.org/10.1016/j.paid.2015.09.048.

18. Nihat Aktas et al., "CEO Narcissism and the Takeover Process: From Private Initiation to Deal Completion," *Journal of Financial and Quantitative Analysis* 51, no. 1 (2016): 113–137, https://doi.org/10.1017/S0022109016000065.

19. Frederick L. Coolidge, Linda L. Thede, and Kerry L Jang, "Heritability of Personality Disorders in Children: A Preliminary Investigation," *Journal of Personality Disorders* 15, no. 1 (2001): 33–40, https://doi.org/10.1521/pedi.15.1.33.18645.

20. Robert D. Hare, "The Predators Among Us," keynote address, Canadian Police Association Annual General Meeting, St. John's, Newfoundland and

Labrador, August 27, 2002.

21. Paul Babiak, Craig S. Neumann, and Robert D. Hare, "Corporate Psychopathy: Talking the Walk," *Behavioral Sciences and the Law* 28, no. 2 (2010): 174–193, https://doi.org/10.1002/bsl.925.

22. Australian Psychological Society, "Corporate Psychopaths Common and Can Wreak Havoc in Business, Researcher Says," press release, September 13, 2016, www.psychology.org.au/news/media_releases/13September2016/ Brooks.

23. Farah Ali and Tomas Chamorro-Premuzic, "The Dark Side of Love and Life Satisfaction: Associations with Intimate Relationships, Psychopathy and Machiavellianism," *Personality and Individual Differences* 48, no. 2 (2010):228–233, https://doi.org/10.1016/j.paid.2009.10.016.

24. Farah Ali and Tomas Chamorro-Premuzic, "Investigating Theory of Mind Deficits in Nonclinical Psychopathy and Machiavellianism," *Personality and Individual Differences* 49, no. 3 (2010), https://doi.org/10.1016/j. paid.2010.03.027.

25. Sarah Francis Smith and Scott O. Lilienfeld, "Psychopathy in the Workplace: The Knowns and Unknowns," *Aggression and Violent Behavior* 18, no. 2 (2013): 204–218, https://doi.org/10.1016/j.avb.2012.11.007.

26. NBC News, "Tsunami Hero Arrested in Australia," *NBCNews.com*, January 3, 2005, www.nbcnews.com/id/6783310/ns/world_news-tsunami_a_year_later/t/ tsunami-hero-arrestedaustralia/#.W4GNVehKhPY.

27. Sarah Francis Smith et al., "Are Psychopaths and Heroes Twigs Off the Same Branch? Evidence from College, Community, and Presidential Samples," *Journal of Research in Personality* 47, no. 5 (2013): 634–646, https://doi. org/10.1016/j.jrp.2013.05.006.

28. J. E. Rogstad and R. Rogers, "Clinical Psychology Review Gender Differences in Contributions of Emotion to Psychopathy and Antisocial Personality Disorder," *Clinical Psychology Review* 28, no. 8 (2008): 1472–

1484, https://doi.org/10.1016/j.cpr.2008.09.004.

29. Serena Borroni et al., "Psychopathy Dimensions, Big Five Traits, and Dispositional Aggression in Adolescence: Issues of Gender Consistency," *Personality and Individual Differences* 66 (2014): 199–203, https://doi.org/10.1016/j.paid.2014.03.019.

30. Ellison M. Cale and Scott O. Lilienfeld, "Sex Differences in Psychopathy and Antisocial Personality Disorder: A Review and Integration," *Clinical Psychology Review* 22 (2002): 1179–1207, https://doi.org/10.1016/S0272-7358(01)00125-8.

31. Aliya Ram and Cynthia O'Murchu, "Cambridge Analytica Chief Accused of Taking $8M Before Collapse," *Financial Times,* June 5, 2018, www.ft.com/content/1c8a5e74-6901-11e8-8cf3-0c230fa67aec

32. Cynthia Mathieu et al., "Corporate Psychopathy and the Full-Range Leadership Model," *Assessment* 22, no. 3 (2015): 267–278, https://doi.org/10.1177/1073191114545490.

33. Ernest H. O'Boyle et al., "A Meta-Analysis of the Dark Triad and Work Behavior: A Social Exchange Perspective," *Journal of Applied Psychology* 97, no. 3 (2012): 557–579, https://doi.org/10.1037/a0025679.

34. Paul Babiak, Craig S. Neumann, and Robert D. Hare, "Corporate Psychology: Talking the Walk," *Behavioral Sciences and the Law* 28 (2010): 174–193, https://doi.org/10.1002/bsl.925.

35. Cynthia Mathieu et al., "A Dark Side of Leadership: Corporate Psychopathy and Its Influence on Employee Well-Being and Job Satisfaction," *Personality and Individual Differences* 59 (2014): 83–88, https://doi.org/10.1016/j.paid.2013.11.010.

36. O'Boyle et al., "Dark Triad and Work Behavior."

37. Michael Housman and Dylan Minor, "Toxic Workers," working paper 16-047, Harvard Business School, Boston, 2015, 1–29.

38. Diana B. Henriques, "Examining Bernie Madoff, 'The Wizard of Lies,'" *Fresh

Air, NPR, April 26, 2011, www.npr.org/2011/04/26/135706926/examining-bernie-madoff-the-wizard-of-lies.

39. Adrian Furnham, Yasmine Daoud, and Viren Swami, "'How to Spot a Psychopath': Lay Theories of Psychopathy," *Social Psychiatry and Psychiatric Epidemiology* 44, no. 6 (2009): 464–472, https://doi.org/10.1007/s00127-008-0459-1.

40. O'Boyle et al., "Dark Triad and Work Behavior."

41. Cynthia Mathieu and Paul Babiak, "What Are the Effects of Psychopathic Traits in a Supervisor on Employees' Psychological Distress?," *Journal of Organizational Culture, Communications and Conflict* 16, no. 2 (2012): 81–85.

42. Daniel N. Jones and Delroy L. Paulhus, "Introducing the Short Dark Triad (SD3): A Brief Measure of Dark Personality Traits," Assessment 21, no. 1 (2013): 28–41, https://doi.org/10.1177/1073191113514105.

43. Jesse Fox and Margaret C. Rooney, "The Dark Triad and Trait Self-Objectification As Predictors of Men's Use and Self-Presentation Behaviors on Social Networking Sites," *Personality and Individual Differences* 76 (2015): 161–165, https://doi.org/10.1016/j.paid.2014.12.017.

44. Johann Endres, "The Language of the Psychopath: Characteristics of Prisoners' Performance in a Sentence Completion Test," *Criminal Behavior and Mental Health* 14, no. 3 (2004): 214–226, https://doi.org/10.1002/cbm.588.

45. Bill Steele, "The Words of Psychopaths Reveal Their Predatory Nature," *Cornell Chronicle*, October 17, 2011, http://news.cornell.edu/stories/2011/10/words-psychopaths-reveal-their-predatory-nature.

第4章

1. 改寫自Linda L. Carli and Alice H. Eagly, "Leadership and Gender," in The *Nature of Leadership*, ed. John Antonakis and David V. Day, 2nd ed.

(Thousand Oaks, CA: SAGE, 2012), 437–476.

2. "Behind the Mask of Zara: The Management Style of Amancio Ortega," *Economist*, December 17, 2016, www.economist.com/news/business/21711948-founder-inditex-has-become-worldssecond-richest-man-management-style-amancio.

3. "Self-Made Man. Obituary: Ingvar Kamprad Died on January 27th," *Economist*, February 8, 2018, www.economist.com/news/obituary/21736501-founder-ikea-furniture-empire-was-91-obituaryingvar-kamprad-died-january-27th.

4. Jena McGregor, "The Rundown on Mary Barra, First Female CEO of General Motors," *Washington Post*, December 10, 2013, www.washingtonpost.com/news/on-leadership/wp/2013/12/10/therundown-on-mary-barra-first-female-ceo-of-general-motors/?utm_term=.bf017ee125e3.

5. Joann Muller, "Marry Barra Is Running GM with a Tight Fist and an Urgent Mission," *Forbes*, May 2, 2017, www.forbes.com/sites/joannmuller/2017/05/02/mary-barra-is-running-gm-with-atight-fist-and-an-urgent-mission/#784fc0691bdb.

6. Bradley P. Owens and David R. Hekman, "How Does Leader Humility Influence Team Performance? Exploring the Mechanisms of Contagion and Collective Promotion Focus," *Academy of Management Journal* 59, no. 3 (2015): 1088–1111, https://doi.org/10.5465/amj.2013.0660.

7. Margarita Mayo, "If Humble People Make the Best Leaders, Why Do We Fall for Charismatic Narcissists?," *Harvard Business Review, April* 7, 2017, https://hbr.org/2017/04/if-humble-people-make-the-best-leaders-why-do-wefall-for-charismatic-narcissists?utm_campaign=hbr&utm_source=facebook&utm_medium=social.

8. Mansour Javidan et al., "In the Eye of the Beholder: Cross Cultural Lessons in Leadership from Project GLOBAL," *Academy of Management Perspectives* 20, no. 1 (2006): 6790, https://doi.org/10.5465/AMP.2006.19873410.

9. Konstantin O. Tskhay, Rebecca Zhu, and Nicholas O. Rule, "Perceptions of

Charisma from Thin Slices of Behavior Predict Leadership Prototypicality Judgments," *Leadership Quarterly* 28, no. 4 (2017): 555–562, https://doi. org/10.1016/j.leaqua.2017.03.003.

10. James W. Beck, Alison E. Carr, and Philip T. Walmsley, "What Have You Done for Me Lately? Charisma Attenuates the Decline in U.S. Presidential Approval over Time," *Leadership Quarterly* 23, no. 5 (2012): 934–942, https:// doi.org/10.1016/j.leaqua.2012.06.002.

11. Robert Hogan, Gordon J. Curphy, and Joyce Hogan, "What We Know About Leadership," *American Psychologist* (1994): 493–504, https://pdfs. semanticscholar.org/a705/2f29f15cb4c8c637f0dc0b505793b37575d7.pdf.

12. Jay A. Conger, "The Dark Side of Leadership," *Organizational Dynamics* 19, no. 2 (1990): 44–55, https://doi.org/10.1016/0090-2616(90)90070-6.

13. Prasad Balkundi, Martin Kilduff, and David A. Harrison, "Centrality and Charisma: Comparing How Leader Networks and Attributions Affect Team Performance," *Journal of Applied Psychology* 96, no. 6 (2011):1209–1222, https://doi.org/10.1037/a0024890.

14. Robert B. Kaiser and Wanda T. Wallace, "Gender Bias and Substantive Differences in Ratings of Leadership Behavior: Toward a New Narrative," *Consulting Psychology Journal: Practice and Research* 68, no. 1 (2016): 72–98, https://doi.org/10.1037/cpb0000059.

15. Kevin S. Groves, "Gender Differences in Social and Emotional Skills and Charismatic Leadership," *Journal of Leadership and Organizational Studies* 11, no. 3 (2005): 30–46, https://doi.org/10.1177/107179190501100303.

16. Herminia Ibarra and Otilia Obodaru, "Women and the Vision Thing," *Harvard Business Review*, January 2009, https://hbr. org/2009/01/women-and-the-vision-thing.

17. Ronald J. Deluga, "Relationship Among American Presidential Charismatic Leadership, Narcissism, and Rated Performance," *Leadership Quarterly* 8, no. 1 (1997): 49–65, https://doi.org/10.1016/S1048-9843(97)90030-8.

18. Allen Grabo, Brian R. Spisak, Mark van Vugt, "Charisma As Signal: An Evolutionary Perspective on Charismatic Leadership," *Leadership Quarterly* 2017;28(4): 482, https://doi.org/10.1016/j.leaqua.2017.05.001.

19. Beck, Carr, and Walmsley, "What Have You Done for Me Lately?"

20. Henry L. Tosi et al., "CEO Charisma, Compensation, and Firm Performance," *Leadership Quarterly* 15, no. 3 (2004): 405–420.

第5章

1. ExpovistaTV, Davos 2018: *Jack Ma's Keys to Success: Technology, Women, Peace and Never Complain*, videorecording, published January 24, 2018, www.youtube.com/watch?v=-nSbkywGf-E.

2. Janet S. Hyde, "Gender Similarities and Differences," *Annual Review of Psychology* 65, no. 3 (2014): 1–26, https://doi.org/10.1146/annurev-psych-010213-115057.

3. Janet S. Hyde, "The Gender Similarities Hypothesis," *American Psychologist* 60, no. 6 (2005): 581–592, https://doi.org/10.1037/0003-066X.60.6.581.

4. David I. Miller and Diane F. Halpern, "The New Science of Cognitive Sex Differences," *Trends in Cognitive Sciences* 18, no. 1 (2014): 37–45, https://doi.org/10.1016/j.tics.2013.10.011.

5. Alice H. Eagly, Mary C. Johannesen-Schmidt, and Marloes L. van Engen, "Transformational, Transactional, and Laissez-Faire Leadership Styles: A Meta-Analysis Comparing Women and Men," *Psychological Bulletin* 129, no. 4 (2003): 569–591.

6. Rong Su, James Rounds, and Patrick I. Armstrong, "Men and Things, Women and People: A Meta-Analysis of Sex Differences in Interests," *Psychological Bulletin* 135, no. 6 (2009): 859–884, https://doi.org/10.1037/a0017364.

7. James Danmore, "Google's Ideological Echo Chamber: How Bias Clouds Our Thinking About Diversity and Inclusion," internal memo to Google personnel, July 2017, cited in Louise Matsakis, Jason Koebler, and Sarah Emerson, "Here

258

為什麼我們總是選到不適任的男性當領導人？

Are the Citations for the Anti-Diversity Manifesto Circulating at Google," *Motherboard*, updated August 7, 2017, https://motherboard.vice.com/en_us/article/evzjww/here-are-the-citations-for-the-anti-diversity-manifestoc irculating-at-google.

8. Robert Hogan, Tomas Chamorro-Premuzic, and Robert B. Kaiser, "Employability and Career Success: Bridging the Gap Between Theory and Reality," *Industrial and Organizational Psychology* 6, no. 1 (2013): 3–16, https://doi.org/10.1111/iops.12001.

9. Reece Akhtar et al., "The Engageable Personality: Personality and Trait EI As Predictors of Work Engagement," *Personality and Individual Differences* 73 (2015): 44–49, https://doi.org/10.1016/j.paid.2014.08.040.

10. Simon Baron-Cohen et al., "The Autism-Spectrum Quotient (AQ): Evidence from Asperger Syndrome/High-Functioning Autism, Males and Females, Scientists and Mathematicians," *Journal of Autism and Developmental Disorders* 31, no. 1 (2001): 5–17, https://doi.org/10.1023/A:1005653411471.

11. Dana L. Joseph and Daniel A. Newman, "Emotional Intelligence: An Integrative Meta-Analysis and Cascading Model," *Journal of Applied Psychology* 95, no. 1 (2010): 54–78, https://doi.org/10.1037/a0017286.

12. YoungHee Hur, Peter T. van den Berg, and Celeste P. M. Wilderom, "Transformational Leadership As a Mediator Between Emotional Intelligence and Team Outcomes," *Leadership Quarterly* 22, no. 4 (2011): 591–603, https://doi.org/10.1016/j.leaqua.2011.05.002.

13. 出處同上。

14. Jill E. Rogstad and Richard Rogers, "Clinical Psychology Review Gender Differences in Contributions of Emotion to Psychopathy and Antisocial Personality Disorder," *Clinical Psychology Review* 28, no. 8 (2008): 1472–1484, https://doi.org/10.1016/j.cpr.2008.09.004.

15. Sheryl Sandberg and Adam Grant, *Option B: Facing Adversity, Building Resilience, and Finding* Joy (New York: Alfred A. Knopf, 2017).

16. Sarah Green Carmichael, "Sheryl Sandberg and Adam Grant on Resilience," *Harvard Business Review*, April 27, 2017, https://hbr.org/ideacast/2017/04/sheryl-sandberg-and-adam-grant-on-resilience.

17. Velmer S. Burton Jr., et al., "Gender, Self-Control, and Crime," *Journal of Research in Crime and Delinquency* 35, no. 2 (1998): 123–147, doi:10.1177/0 022427898035002001.

18. Sylvia Ann Hewlett, "Women on Boards: America Is Falling Behind," *Harvard Business Review*, May 3, 2011, https://hbr.org/2011/05/women-on-boards-america.

19. Sari M. van Anders, Jeffrey Steiger, and Katherine L. Goldey, "Effects of Gendered Behavior on Testosterone in Women and Men," *Proceedings of the National Academy of Sciences of the United States of America* 112, no. 45 (2015): 13805–13810, https://doi.org/10.1073/pnas.1509591112.

20. Clive Fletcher, "The Implications of Research on Gender Differences in Self-Assessment and 360 Degree Appraisal," *Human Resource Management Journal* 9, no. 1 (1999): 39–46, https://doi.org/10.1111/j.1748-8583.1999.tb00187.x.

第6章

1. See https://en.wikipedia.org/wiki/List_of_best-selling_books.

2. Amanda H. Goodall, Lawrence M. Kahn, and Andrew J. Oswald, "Why Do Leaders Matter? A Study of Expert Knowledge in a Superstar Setting," *Journal of Economic Behavior and Organization* 77, no. 3 (2011): 265–284, https://doi.org/10.1016/j. jebo.2010.11.001; Amanda H. Goodall and Ganna Pogrebna, "Expert Leaders in a Fast-Moving Environment," *Leadership Quarterly* 26, no. 2 (2015): 123–142, https://doi.org/10.1016/j.leaqua.2014.07.009.

3. Amanda H. Goodall, "Highly Cited Leaders and the Performance of Research Universities," *Research Policy* 38, no. 7 (2009): 1079–1092, https://doi.

org/10.1016/j.respol.2009.04.00.

4. Benjamin Artz, Amanda H. Goodall, and Andrew J. Oswald, "If Your Boss Could Do Your Job, You're More Likely to Be Happy at Work," *Harvard Business Review,* December 29, 2016, https://hbr.org/2016/12/if-your-boss-could-do-your-job-youre-more-likely-tobe-happy-at-work.

5. Thomas W. H. Ng and Daniel C. Feldman, "How Broadly Does Education Contribute to Job Performance?," *Personnel Psychology* 62 (2009): 89–134, https://doi.org/10.1111/j.1744-6570.2008.01130.x.

6. Prasad Balkundi and Martin Kilduff, "The Ties That Lead: A Social Network Approach to Leadership," *Leadership Quarterly* 17, no. 4 (2006): 419–439.

7. Dimitrios C. Christopoulos, "The Impact of Social Networks on Leadership Behaviour," *Methodological Innovations* 9 (2016): 1–15, https://doi.org/10.1177/2059799116630649.

8. Frank L. Schmidt, In-Sue Oh, and Jonathan A. Shaffer, "The Validity and Utility of Selection Methods in Personnel Psychology: Practical and Theoretical Implications of 100 Years of Research Findings," working paper, October 2016, https://home.ubalt.edu/tmitch/645/articles/2016-100％20Yrs％20Working％20Paper％20for％20Research％20Gate％2010-17.pdf.

9. Matthew Stewart, "The 9.9 Percent Is the New American Aristocracy," *Atlantic*, June 2018, www.theatlantic.com/magazine/archive/2018/06/the-birth-of-a-new-american-aristocracy/559130.

10. Lauren Leatherby, "US Social Mobility Gap Continues to Widen," *Financial Times*, December 16, 2016, www.ft.com/content/7de9165e-c3d2-11e6-9bca-2b93a6856354.

11. Tomas Chamorro-Premuzic, *The Talent Delusion: Why Data, Not Intuition, Is the Key to Unlocking Human Potential* (London: Piatkus, 2017).

12. Timothy A. Judge et al., "Personality and Leadership: A Qualitative and Quantitative Review," *Journal of Applied Psychology* 87, no. 4 (2002): 765–780, https://doi.org/10.1037//0021-9010.87.4.765.

13. Timothy A. Judge, Amy E. Colbert, and Remus Ilies, "Intelligence and Leadership: A Quantitative Review and Test of Theoretical Propositions," *Journal of Applied Psychology* 89, no. 3 (2004): 542–552, doi: 10.1037/0021-9010.89.3.542.

14. 在此公開過去幾年我曾任霍根執行長,至今仍與這家公司保持密切的關係。

15. Robert Hogan and Tomas Chamorro-Premuzic, "Personality and the Laws of History," in *The Wiley-Blackwell Handbook of Individual Differences*, ed. Tomas Chamorro-Premuzic, Sophie von Stumm, and Adrian Furnham (Hoboken, NJ: WileyBlackwell, 2011), 491–511, https://doi.org/10.1002/9781444343120.ch18.

16. Geert Hofstede, Gert Jan Hofstede, and Michael Minkov, *Cultures and Organizations: Software of the Mind*, 3rd ed. (New York: McGraw-Hill, 2010).

17. 在霍夫斯泰德洞察力網站(Hofstede Insights),可以找到比較國家規範的重要免費資源,見"Compare Countries," accessed September 9, 2018, www.hofstede-insights.com/product/compare-countries.[*]

第7章

1. Tomas Chamorro-Premuzic and Gillian Pillans, "Assessing Potential: From Academic Theories to Practical Realities," *Corporate Research Forum* (2016): 1–5.

2. Naomi Ellemers, "Gender Stereotypes," *Annual Review of Psychology* 69 (2018): 275–298.

3. Karen S. Lyness and Angela R. Grotto, "Women and Leadership in the United

---

[*] 霍夫斯塔德是荷蘭社會學家、心理學家。他在管理IBM期間,研究並發表了「各國文化的的霍夫斯塔德模型」(Hofstede's Model of National Culture),主要探討不同國家的文化異同,如何影響管理層的決策。

States: Are We Closing the Gender Gap?," *Annual Review or Organizational Psychology and Organizational Behavior* 5 (2018): 227–265, https://doi. org/10.1146/annurev-orgpsych-032117-104739.

4. https://onlinelibrary.wiley.com/doi/abs/10.1111/peps.12052

5. Frank L. Schmidt and John E. Hunter, "The Validity and Utility of Selection Methods in Personnel Psychology: Practical and Theoretical Implications of 85 Years of Research Findings," *Psychological Bulletin* 124, no. 2 (1998): 262–274, https://doi.org/10.1037/0033-2909.124.2.262.

6. Ryan J. Giuliano and Nicole Y. Wicha, "Why the White Bear Is Still There: Electrophysiological Evidence for Ironic Semantic Activation During Thought Suppression," *Brain Research* 1316 (2010): 62–74, https://doi.org/10.1016/ j.brainres.2009.12.041.

7. G. L. Stewart et al., "Exploring the Handshake in Employment Interviews," *Journal of Applied Psychology* 93, no. 5 (2008): 1139–1146, https://doi. org/10.1037/0021-9010.93.5.1139.

8. Iris Bohnet, "How to Take the Bias Out of Interviews," *Harvard Business Review*, April 18, 2016, https://hbr.org/2016/04/how-to-take-the-bias-out-of-interviews.

9. Neal Schmitt, "Personality and Cognitive Ability as Predictors of Effective Performance at Work," *Annual Review of Organizational Psychology and Organizational Behavior* 1, no. 1 (2013): 45–65, https://doi.org/10.1146/ annurev-orgpsych-031413-091255.

10. Tomas Chamorro-Premuzic and Adran Furhnam, "Intellectual Competence and the Intelligent Personality: A Third Way in Differential Psychology," *Review of General Psychology* 10, no. 3 (2006): 251–267, https://doi. org/10.1037/1089-2680.10.3.251.

11. Benjamin Schneider, Mark G. Ehrhart, and William H. Macey, "Organizational Climate and Culture," *Annual Review of Psychology* 65 (2013): 361–388, https://doi.org/10.1146/annurev-psych-113011-143809.

12. Jasmine Vergauwe et al., "The Too Little/Too Much Scale: A New Rating Format for Detecting Curvilinear Effects," *Organizational Research Methods* 20, no. 3 (2017): 518–544, https://doi.org/10.1177/1094428117706534.

13. Tomas Chamorro-Premuzic et al., "The Datafication of Talent: How Technology Is Advancing the Science of Human Potential at Work," *Current Opinion in Behavioral Sciences* 18 (2017): 13–16, https://doi.org/10.1016/j.cobeha.2017.04.007.

14. Stephen Turban, Laura Freeman, and Ben Waber, "A Study Used Sensors to Show That Men and Women Are Treated Differently at Work," *Harvard Business Review*, October 23, 2017, https://hbr.org/2017/10/a-study-used-sensors-to-show-that-menand-women-are-treated-differently-at-work.

15. Reece Akhtar and Soong Moon Kang, "The Role of Personality and Social Capital on Intrapreneurial Achievement," *Academy of Management Proceedings* 2016, no. 1 (2017): https://doi.org/10.5465/ambpp.2016.16763abstract.

第8章

1. David V. Day and Lisa Dragoni, "Leadership Development: An Outcome-Oriented Review Based on Time and Levels of Analyses," *Annual Review of Organizational Psychology and Organizational Behavior* 2 (2015): 133–156, https://doi.org/10.1146/annurev-orgpsych-032414-111328.

2. Michael Beer, Magnus Finnström, and Derek Schrader, "Why Leadership Training Fails—and What to Do About It," *Harvard Business Review*, October 2016, https://hbr.org/2016/10/why-leadership-training-fails-and-what-to-do-about-it.

3. Tim Theeboom, Bianca Beersma, and Annelies E. M. van Vianen, "Does Coaching Work? A Meta-Analysis on the Effects of Coaching on Individual Level Outcomes in an Organizational Context," *Journal of Positive Psychology* 9 (2014): 1–18, https://doi.org/10.1080/17439760.2013.837499.

4. Doris B. Collins and Elwood F. Holton III, "The Effectiveness of Managerial Leadership Development Programs: A Meta-Analysis of Studies from 1982 to 2001," *Human Resource Development Quarterly* 15, no. 2 (2004): 217–248, https://doi.org/10.1002/hrdq.1099.

5. Avraham Kluger and Angelo DeNisi, "The Effects of Feedback Interventions on Performance: A Historical Review, a Meta-Analysis, and a Preliminary Feedback Intervention Theory," *Psychological Bulletin* 119, no. 2 (1996): 254–284, https://doi.org/10.1037/0033-2909.119.2.254.

6. Robert B. Kaiser and Cordy Curphy, "Leadership Development: The Failure of an Industry and the Opportunity for Consulting Psychologists," *Consulting Psychology Journal: Practice and Research* 65, no. 4 (2013): 294–302, https://doi.org/10.1037/a0035460.

7. Sorel Cahan and Nora Cohen, "Age Versus Schooling Effects on Intelligence Development," *Child Development* 60, no. 5 (1989): 1239–1249, https://doi.org/10.2307/1130797.

8. Ian J. Deary et al., "Genetic Contributions to Stability and Change in Intelligence from Childhood to Old Age," *Nature* 482 (February 9, 2012): 212–215, https://doi.org/10.1038/nature10781.

9. James M. Olson et al., "The Heritability of Attitudes: A Study of Twins," *Journal of Personality and Social Psychology* 80, no. 6 (2001): 845–846, https://doi.org/10.1037/0022-3514.80.6.845.

10. Richard D. Arvey et al., "The Determinants of Leadership Role Occupancy: Genetic and Personality Factors," *Leadership Quarterly* 17, no. 1 (2006): 1–20, https://doi.org/10.1016/j.leaqua.2005.10.009.

11. 出處同上。

12. Brooke N. Macnamara, David Z. Hambrick, and Frederick L. Oswald, "Deliberate Practice and Performance in Music, Games, Sports, Education, and Professions: A Meta-Analysis," *Psychological Science* 25, no. 8 (2014): 1608–1618, https://doi.org/10.1177/0956797614535810.

13. Timothy A. Judge et al., "Personality and Leadership: A Qualitative and Quantitative Review," *Journal of Applied Psychology* 87, no. 4 (2002): 765–780, https://doi.org/10.1037//0021-9010.87.4.765.

14. Ian D. Gow et al, "CEO Personality and Firm Policies," NBER Working Paper Series, no. 22435, July 2016, https://www.hbs.edu/faculty/Pages/item.aspx?num=50477.

15. Douglas T. Hall, Karen L. Otazo, and George P. Hollenbeck, "Behind Closed Doors: What Really Happens in Executive Coaching," *Organ Dynamics* 27, no. 3 (1999): 39–53, https://doi.org/10.1016/S0090-2616(99)90020-7.

16. Erik de Haan, Vicki Culpin, and Judy Curd, "Executive Coaching in Practice: What Determines Helpfulness for Clients of Coaching?," *Personnel Review* 40, no. 1 (2011): 24–4, https://doi.org/10.1108/00483481111095500.

17. Katherine Ely et al., "Evaluating Leadership Coaching: A Review and Integrated Framework," *Leadership Quarterly* 21, no. 4 (2010): 585–599, https://doi.org/10.1016/j.leaqua.2010.06.003.

18. Theeboom, Beersma, and van Vianen, "Does Coaching Work?"

19. Tammi R. A. Kral et al., "Neural Correlates of Video Game Empathy Training in Adolescents: A Randomi Z zed Trial," *NPJ Science of Learning* 3, no. 13 (2018), https://doi.org/10.1038/s41539-018-0029-6.

20. Andrew Butler et al., "The Empirical Status of Cognitive- Behavioral Therapy: A Review of Meta-Analyses," *Clinical Psychology Review* 26, no. 1 (2006): 17–31, https://doi.org/10.1016/j.cpr.2005.07.003.

21. Tom Rath, *StrengthsFinder 2.0 from Gallup: Discover Your CliftonStrengths* (New York: Gallup Press, 2016).

22. Kluger and Angelo, "Effects of Feedback Interventions."

23. Allan H. Church et al., "The Role of Personality in Organization Development: A Multi-Level Framework for Applying Personality to Individual, Team, and Organizational Change," in *Research in Organizational Change and Development*, ed. Abraham B. (Rami) Shani and Debra A.

Noumair, vol. 23 (Bingley, UK: Emerald Group Publishing, 2015) 91–166, https://doi.org/10.1108/S0897-301620150000023003.

24. Sheila Kampa-Kokesch and Mary Z. Anderson, "Executive Coaching: A Comprehensive Review of the Literature," *Consulting Psychology Journal: Practice and Research* 53, no. 4 (2001): 205–228, https://doi.org/10.1037// 1061-4087.53.4.205.

25. James W. Smither et al., "Can Working with an Executive Coach Improve Multisource Feedback Ratings Over Time? A Quasi- Experimental Field Study," *Personnel Psychology* 56 (2003): 23–44, https://doi.org/10.1111/ j.1744-6570.2003.tb00142.x.

26. Dan Ariely, *Predictably Irrational: The Hidden Forces That Shape Our Decisions* (New York: Harper, 2008), 294.

27. Janet Polivy and C. Peter Herman, "The False-Hope Syndrome: Unfulfilled Expectations of Self-Change," *Current Directions in Psychological Science* 9, no. 4 (2000): 128–131, https://doi.org/10.1111/1467-8721.00076.

28. Nathan W. Hudson and R. Chris Fraley, "Do People's Desires to Change Their Personality Traits Vary with Age? An Examination of Trait Change Goals Across Adulthood," *Social Psychology and Personality Science* 7, no. 8 (2016): 847–858 https://doi.org/10.1177/1948550616657598.

29. J. A. Dennisen, Marcel A. G. van Aken, and Brent W. Roberts, "Personality Development Across the Life Span," in *The Wiley-Blackwell Handbook of Individual Differences,* ed. Tomas Chamorro-Premuzic, Sophie von Stumm, and Adrian Furnham (Hoboken, NJ: WileyBlackwell, 2011).

30. Zig Ziglar, *See You at the Top, Twenty-Fifth Anniversary Edition*, 2nd rev. ed. (Gretna, LA: Pelican Publishing, 2005), 164.

31. Frederick Anseel et al., "How Are We Doing After 30 Years? A Meta-Analytic Review of the Antecedents and Outcomes of Feedback-Seeking Behavior," *Journal of Management* 41, no. 1 (2015), https://doi.org/10.1177/0149206 313484521.

第9章

1. Timothy A. Judge, Ronald F. Piccolo, and Tomek Kosalka, "The Bright and Dark Sides of Leader Traits: A Review and Theoretical Extension of the Leader Trait Paradigm," *Leadership Quarterly* 20, no. 6 (2009): 855–875, https://doi.org/10.1016/j.leaqua.2009.09.004.

2. Timothy A. Judge and Daniel M. Cable, "The Effect of Physical Height on Workplace Success and Income: Preliminary Test of a Theoretical Model," *Journal of Applied Psychology* 89, no. 3 (2004): 428–441, https://doi.org/10.1037/0021-9010.89.3.428.

3. Elaine M. Wong, Margaret E. Ormiston, and Michael P. Haselhuhn, "A Face Only an Investor Could Love: CEOs' Facial Structure Predicts Their Firms' Financial Performance," *Psychological Science* 22, no. 12 (2011): 1478–1483, https://doi.org/10.1177/0956797611418838.

4. Robert Hogan and Tomas Chamorro-Premuzic, "Personality and the Laws of History," in *The Wiley-Blackwell Handbook of Individual Differences*, ed. Tomas Chamorro-Premuzic, Sophie von Stumm, and Adrian Furnham (Hoboken, NJ: WileyBlackwell, 2011), 491–511, https://doi.org/10.1002/9781444343120.ch18.

5. Wendy Wood and Alice H. Eagly, "Biosocial Construction of Sex Differences and Similarities in Behavior," in *Advances in Experimental Social Psychology*, ed. James M. Olson and Mark P. Zanna, vol. 46 (Amsterdam: Elsevier/Academic Press, 2012), https://doi.org/10.1016/B978-0-12-394281-4.00002-7.

6. Emilio J. Castilla and Stephen Bernard, "The Paradox of Meritocracy in Organizations," *Administrative Science Quarterly* 55 (2010): 543–576, 可在 DSpace@MIT取得麻省理工學院的公開取閱學術論文（MIT Open Access Articles），December 2012, https://dspace.mit.edu/handle/1721.1/65884.

7. Stephen Benard, "Why His Merit Raise Is Bigger Than Hers," *Harvard Business Review*, April 2012, https://hbr.org/2012/04/why-his-merit-raise-is-

bigger-than-hers.

8. Sheelah Kolhatkar, "At Uber, a New C.E.O. Shifts Gears," *New Yorker*, April 9, 2018, www.newyorker.com/magazine/2018/04/09/at-uber-a-new-ceo-shifts-gears.

9. Frank Dobbin and Jiwook Jung, "Corporate Board Gender Diversity and Stock Performance: The Competence Gap or Institutional Investor Bias?," *North Carolina Law Review* 89 (2011): 809–838.

10. Ron Suskind, "Faith, Certainty and the Presidency of George W. Bush," *New York Times Magazine*, October 17, 2004, www.nytimes.com/2004/10/17/magazine/faith-certainty-and-the-presidency-ofgeorge-w-bush.html, attributes the quote to an unnamed "senioradviser to Bush." Mark Danner, "Words in a Time of War: On Rhetoric, Truth and Power," *Mark Danner* (blog), November 2007, www.markdanner.com/articles/words-in-a-time-of-war-on-rhetorictruth-and-power, says that the quote was by Karl Rove, but Zach Schonfeld, "The Curious Case of a Supposed Karl Rove Quote Used on the National's New Album 'Sleep Well Beast,'" *Newsweek*, September 8, 2017, www.newsweek.com/national-sleep-well-beastkarl-rove-662307, says that Rove denied ever saying these words.

11. Amanda H. Eagly, "When Passionate Advocates Meet Research on Diversity, Does the Honest Broker Stand a Chance?," *Journal of Social Issues* 72, no. 1 (2016): 199–222, https://doi.org/10.1111/josi.12163.

12. Renée B. Adams and Daniel Ferreira, "Women in the Boardroom and Their Impact on Governance and Performance," *Journal of Financial Economics* 94, no. 2 (2009): 291–309, https://doi.org/10.1016/j.jfineco.2008.10.007.

13. Victor E. Sojo et al., "Reporting Requirements, Targets, and Quotas for Women in Leadership," *Leadership Quarterly* 27, no. 3 (2016): 519–536, https://doi.org/10.1016/j.leaqua.2015.12.003.

14. "Labour Laws in 104 Countries Reserve Some Jobs for Men Only," *Economist*, May 26, 2018, www.economist.com/finance-andeconomics/2018/05/26/labour-

laws-in-104-countries-reserve-somejobs-for-men-only.

15. "Closing the Gender Gap," *World Economic Forum*, 2018, www. weforum. org/projects/closing-the-gender-gap-gender-parity-task-forces.

作者簡介

湯瑪斯・查莫洛－普雷謬齊克
Tomas Chamorro-Premuzic

人才管理、領袖能力發展，以及人力資源分析領域國際權威；萬寶華（ManpowerGroup）首席人才科學家，超越側寫（Metaprofiling）與深層訊號（Deeper Signals）共同創辦人。倫敦大學學院（University College London）與哥倫比亞大學（Columbia University）商業心理學教授，曾在紐約大學與倫敦政經學院（The London School of Economics and Political Science）擔任學術職位。現任霍根測評系統（Hogan Assessment Systems）執行長，並於哈佛商學院、史丹佛商學院、倫敦商學院、約翰霍普金斯大學（Johns Hopkins）與國際管理學院（IMD）授課。

已發表10本著作與超過150篇科學報告，是同代同儕中最多產的社會科學家。查莫洛－普雷謬齊克從事顧問工作20年，服務對象包括摩根大通（J.P. Morgan）、匯豐銀行（HSBC）與高盛（Goldman Sachs）等金融服務業；Google、WPP集團（全球最大廣告集團，旗下有奧美、智威湯遜等品牌）與百比赫廣告公司（BBH）等廣告業；英國廣播公司（BBC）、紅牛媒體（Red Bull Media House）、推特（Twitter）與 Spotify 等媒體業；聯合利華（Unilever）、利潔時（Reckitt Benckiser）與寶僑（Procter & Gamble）等消費品產業；路易‧威登集團（LVMH）、頗特女士（Net-a-Porter）與范倫鐵諾（Valentino）等流行產業；英國陸軍（British Army）、皇家郵政（Royal Mail）與英國國家健保局（NHS）等政府單位；以及聯合國（United Nations）與世界銀行（World Bank）等跨政府組織。

他上遍各大媒體，包括接受 BBC、CNN 與 Sky 電視台訪問；並在《哈佛商業評論》（*Harvard Business Review*）、英國版《衛報》（*Guardian*）、《快公司》（*Fast Company*）、《富比士》（*Forbes*）與《赫芬頓郵報》（*Huffington Post*）定期撰寫專欄；也曾在經濟事務學會（Institute of Economic Affairs, IEA）演講。現居紐約布魯克林。

財經企管 BCB716

為什麼我們總是
選到不適任的男性當領導人？
Why Do So Many Incompetent Men Become Leaders?
(And How to Fix It)

作者 —— 湯瑪斯·查莫洛－普雷謬齊克　Tomas Chamorro-Premuzic
譯者 —— 周詩婷

總編輯 —— 吳佩穎
書系主編 —— 蘇鵬元
責任編輯 —— 王映茹
封面設計 —— FE 設計 葉馥儀

出版人 —— 遠見天下文化出版股份有限公司
創辦人 —— 高希均、王力行
遠見·天下文化·事業群　董事長 —— 高希均
事業群發行人／CEO —— 王力行
天下文化社長 —— 林天來
天下文化總經理 —— 林芳燕
國際事務開發部兼版權中心總監 —— 潘欣
法律顧問 —— 理律法律事務所陳長文律師
著作權顧問 —— 魏啟翔律師
社址 —— 臺北市 104 松江路 93 巷 1 號
讀者服務專線 —— 02-2662-0012 ｜ 傳真 —— 02-2662-0007；02-2662-0009
電子郵件信箱 —— cwpc@cwgv.com.tw
直接郵撥帳號 —— 1326703-6 號　遠見天下文化出版股份有限公司

電腦排版 —— bear 工作室
製版廠 —— 中原造像股份有限公司
印刷廠 —— 中原造像股份有限公司
裝訂廠 —— 中原造像股份有限公司
登記證 —— 局版台業字第 2517 號
總經銷 —— 大和書報圖書股份有限公司 ｜ 電話 —— 02-8990-2588
出版日期 —— 2020 年 11 月 06 日第一版第一次印行

國家圖書館出版品預行編目（CIP）資料

為什麼我們總是選到不適任的男性當領導人？／湯瑪斯·查莫洛－普雷謬齊克（Tomas Chamorro-Premuzic）著；周詩婷譯 . -- 第一版 . -- 臺北市：遠見天下文化，2020.11
272 面；14.8×21 公分 . --（財經企管；BCB716）

譯自：Why Do So Many Incompetent Men Become Leaders? (And How to Fix It)

ISBN 978-986-5535-98-8（平裝）

1. 領導理論 2. 性別角色 3. 社會結構 4. 職場成功法

541.776　　　　　　　　　109017045

定價 —— 380 元
ISBN —— 978-986-5535-98-8
書號 —— BCB716
天下文化官網 —— bookzone.cwgv.com.tw

天下文化
BELIEVE IN READING